攻守道

企业数字业务安全风险与防范

顶象技术◎组编

陈树华　田际云◎编著

DEFENSE
ATTACK

机械工业出版社
CHINA MACHINE PRESS

本书系统介绍了企业数字业务安全风险与防范的相关知识。全书共八章：认识企业数字业务安全风险，触目惊心——企业数字业务面临的十类欺诈行为，追根溯源——揭底黑灰产业链，应对有道——五类行业风险防控的策略，见招拆招——七种技术手段防范风险，练好内功——通过管理手段防范风险，有理有据——运用法律手段防范风险，洞见未来——企业数字业务安全风险防控的趋势。

本书内容概念清晰、通俗易懂、案例丰富，对于企业辨识和防范数字业务面临的风险有很强的借鉴意义。

本书适合企事业单位中信息安全部门及 IT 运维部门的管理者、从事企业数字业务安全风险防控的人员、与企业数字业务相关的各类人员阅读。

图书在版编目（CIP）数据

攻守道：企业数字业务安全风险与防范 / 顶象技术组编；陈树华，田际云编著. —北京：机械工业出版社，2021.4
ISBN 978-7-111-67932-5

Ⅰ. ①攻⋯　Ⅱ. ①顶⋯　②陈⋯　③田⋯　Ⅲ. ①企业管理-数据管理　Ⅳ. ①F272.7

中国版本图书馆 CIP 数据核字（2021）第 058763 号

机械工业出版社（北京市百万庄大街 22 号　邮政编码 100037）
策划编辑：王　斌　　责任编辑：王　斌
责任校对：张艳霞　　责任印制：孙　炜

保定市中画美凯印刷有限公司印刷

2021 年 5 月第 1 版・第 1 次印刷
169mm×239mm・14 印张・345 千字
0001－1900 册
标准书号：ISBN 978-7-111-67932-5
定价：99.00 元

电话服务	网络服务
客服电话：010-88361066	机 工 官 网：www.cmpbook.com
010-88379833	机 工 官 博：weibo.com/cmp1952
010-68326294	金 书 网：www.golden-book.com
封底无防伪标均为盗版	机工教育服务网：www.cmpedu.com

PREFACE 序

随着数字化的深入发展，企业业务愈加开放互联，新的挑战也随之而来。企业的核心业务、关键数据、用户信息、基础设施、运营过程等均处于边界模糊且日益开放的环境中，而涉及利益流和高附加值的业务中隐藏着各种各样的安全隐患，这些隐患随时可能会给业务带来损失，影响企业的运营和发展。

在电商、支付、信贷、交互、交易等各种形态的业务场景中，存在着形式多样的薅羊毛、刷单炒信、账号盗用、虚假账号、信贷欺诈、刷票刷流量、信用卡套现等欺诈行为。所有这些行为都会给企业数字业务带来安全风险。为了应对这些欺诈行为、防范企业业务安全风险，"业务安全"这个概念应运而生。

业务安全是指通过技术和其他手段，防范电商、支付、信贷、交互、交易等业务场景中的各类业务风险，保障业务健康运行，是贴近企业实际业务、直接面对客户核心价值的一个安全体系。业务安全涉及面很广，不仅涉及基础网络安全、客户端安全，还涉及风控、大数据、人工智能等技术，更需要拥有深入行业的能力，如金融、零售、航旅、能源、供应链、工业制造等的具体业务紧密结合。保障企业的业务安全任重道远，绝非一日之功。

2017 年，我们义无反顾地肩负起了维护业务安全的重任，4 年来殚精竭虑，为保障企业数字业务安全而不断努力。在实现业务安全的过程中，我们发现很多企业和朋友对业务安全的整体性缺乏必要的了解。

数字时代风起云涌，数字化转型一日千里，新时代、新安全、新挑战，

攻守道——企业数字业务安全风险与防范

你与我皆身在其中。无论是企业的决策者，还是企业中的普通一员，都需要对企业业务将要面对的风险有清醒的认识，都应该了解各种风险产生的前因后果和来龙去脉，为在数字时代有效确保业务安全打好基础，做好准备。为此，我们编写《攻守道——企业数字业务安全风险与防范》这本书，希望尽自己所能普及一些业务安全的常识，让大家对业务安全这一概念有基本认知。

希望通过此书，传播业务安全知识，激励更多安全领域的同仁，一起谱写数字业务安全发展的新篇章！

陈树华

2021 年 1 月 9 日于杭州

PREFACE 前言

关于数字化发展进程

2021年政府工作报告指出,"运用好'互联网+',推进线上线下更广更深融合,发展新业态新模式,为消费者提供更多便捷舒心的服务和产品"。"十四五"规划目标任务概述中同时提出,"加快数字化发展,打造数字经济新优势,协同推进数字产业化和产业数字化转型,加快数字社会建设步伐,提高数字政府建设水平,营造良好数字生态,建设数字中国"。

数字技术与医疗、教育、交通、零售、制造业等行业深度融合,智慧课堂、协同办公全面普及,"云问诊""云会展""云旅游"纷纷上线,网络直播等个人就业新形态不断涌现。充分运用数字化技术推动质量变革、效率变革、动力变革,是各行各业未来发展的必经之路。

数据显示,"十三五"期间,我国数字经济规模从"十三五"之初的11万亿元,增长到2019年的35.8万亿元,占GDP比重达到36.2%,已经成为经济高质量发展的重要支撑。随着新一代信息技术与各行各业的深度融合,我国产业结构不断优化,全面数字化转型正迎来快速发展期。

数字化改变了空间范围,让企业与用户的社会活动半径不断扩大,让企业的上下游产业链,以及企业与消费者之间的关系发生了诸多新变化。而且数字业务模式在随时随地、7×24小时不间断提供服务的同时,既提升了用户使用体验,也对业务的运营、管理、安全、服务提出了更高要求。

关于企业数字业务安全

在开展数字化业务的过程中，每个真实的用户都值得挖掘，同样也有大量的虚假用户需要去甄别——有规模惊人、能量巨大的黑灰产业链在处心积虑地实施各种欺诈行为，企业的数字化业务面临着各种风险与挑战。

数字时代的业务风险与传统业务风险虽然本质相同，但是风险的规模和破坏性却有很大差异。由于与用户的交互日趋频繁，企业有越来越多的关键业务暴露在互联网中。对于缺乏相关规划或没有准备好的企业，如果对数字化不熟悉、不了解，不知道如何进行数字化运营，就会遇到很多新问题和新风险。例如，线上营销活动拉新是企业数字化业务中最常用的手段，红包、积分、返利、折扣、优惠券等促销举措的优惠力度通常都很大，但是大部分实惠并没有被用户享受到，而是进入了"羊毛党"等黑灰产业链的口袋。"羊毛党"借助自动化、智能化的技术，批量抢夺企业发放的优惠券奖励，然后倒卖获利。对于很多不熟悉数字化、缺乏数字化基础的企业，业务风险不仅会给企业带来经济损失，更会成为制约企业数字化转型的瓶颈，甚至影响到企业的生存与发展。

关于本书

安全行业有种说法叫作："未知攻，焉知防"。意思就是：不知道攻击来自哪里，就无法有效进行防御。攻防皆有道，只有详细了解"攻"，掌握风险来自哪里、有哪些特征，自身有哪些地方是薄弱点，才能"防"得住，才能知道如何预防。为了让企业充分了解数字化转型中遇到的各类风险欺诈行为、欺诈背后的黑灰产业链条，让企业能够有效地运用各种手段进行风险防控,保障自己的利益,安全行业的技术专家有义务把企业数字业务安全风险防范领域的"攻防"之道,进行系统性的、通俗易懂的知识性宣讲。

基于上述目的,我们总结和归纳了为数千家企业提供数字业务安全服务而积累的实践经验,并在此基础上编写了本书。力图通过丰富的案例,浅显易懂的语言,深入剖析各类数字业务安全风险背后的原因,介绍各种企业防御风险以及化解威胁的手段。希望帮助广大处于数字化转型和专业提供数字业务的企业,更有效地保障自身数字业务安全,顺利开展和实施企业数字业务,实现业务的可持续增长。

本书共8章,内容如下。

第1章 认识企业数字业务安全风险。介绍企业数字业务安全的概念及其成因,企业数字业务安全防控的策略,以及哪些行业面临着数字业务安全风险。

第2章 触目惊心——企业数字业务面临的十类欺诈行为。介绍了企业数字业务面临的十类欺诈行为的危害及特征。

第3章 追根溯源——揭底黑灰产业链。介绍了黑灰产业链的概念、构成和运作手法。

第4章 应对有道——五类行业风险防控的策略。介绍了多个行业面临的主要业务风险特征及应对策略,并结合多个案例加以解析。

第5章 见招拆招——七种技术手段防范风险。介绍有效防范企业数字业务安全风险的七种技术手段。

第6章 练好内功——通过管理手段防范风险。介绍了建立全业务、全流程的风险防控体系,建立全员安全意识,建立完备的企业业务安全管理体系,通过人员行为约束有效防范企业数字业务安全风险。此外,归纳总结了监管部门发布的政策指导建议、标准规范,为企业的数字业务安全提供了规范标准，也为各项业务的安全技术和手段提供了具体指导建议。

第 7 章　有理有据——运用法律手段防范风险。结合案例介绍了多项可以帮助企业有效防范各类数字业务安全风险的法律法规。

第 8 章　洞见未来——企业数字业务安全风险防控的趋势。重点介绍了业务风险与业务安全防控手段的变化趋势，以及数字化企业的业务安全团队的发展现状。

关于作者

陈树华先生是顶象公司创始人，国内知名安全专家，曾任阿里巴巴安全研究员、腾讯 T4 技术专家、趋势科技安全产品架构师，是国内移动安全和数字业务安全的开创者之一，打造了国际首个互联网业务安全体系产品，并推出阿里聚安全、阿里钱盾以及阿里移动安全等一系列安全产品。

田际云（宋文利），目前负责顶象公司的市场品牌工作。曾供职赛迪网、51CTO、360、阿里巴巴等公司，拥有多年企业服务领域的实践经验。倡导市场品牌是产品与用户重要的沟通节点，专业的技术和产品需要通俗化，让受众看得懂、能理解。

感想与感谢

本书编写过程中，发生了很多事情。外界错综复杂的变化，给行业、市场带来诸多挑战；身边朋友和家中的变故，更给自己带来巨大的心理冲击。期间，每每完成一章书稿，就在微信上感叹是"苦难行军走完一步"。幸而最终还是坚持完成了书稿。

在此，要特别感谢本书的责任编辑、机械工业出版社的王斌（IT

大公鸡）的耐心指导，感谢晓科、方超、周毅、路超、张玮、小五、希扬、小莫等同事的帮助。尤其感谢史皓天（Pala）的引荐和帮助。

希望本书的出版，能够对正在开始数字化转型和从事数字化业务的企业以及从事业务安全的朋友们有所帮助。

宋文利（笔名田际云）

2021 年 3 月于北京

目录

序

前言

第1章 认识企业数字业务安全风险 / 1

1.1 什么是企业数字业务 / 1
    1.1.1 在线化 / 2
    1.1.2 数据化 / 3
    1.1.3 场景化 / 4

1.2 什么是企业数字业务安全 / 4

1.3 什么是企业数字业务安全风险 / 6

1.4 企业数字业务安全风险的成因 / 7
    1.4.1 新的商业模式带来风险 / 7
    1.4.2 风险攻击手段越来越专业，成本越来越低 / 9
    1.4.3 企业数字业务存在若干隐患和漏洞 / 10

1.5 企业数字业务安全风险的防控 / 11
    1.5.1 技术防控手段 / 11
    1.5.2 制度与规范的防控 / 15
    1.5.3 法律护航 / 16

1.6 哪些行业面临数字业务安全风险 / 17
    1.6.1 银行业 / 17
    1.6.2 零售行业 / 21
    1.6.3 数字媒体行业 / 22
    1.6.4 航空业 / 23
    1.6.5 网络直播行业 / 24
    1.6.6 在线游戏业 / 25

本章小结 / 26

目录

第 2 章 触目惊心——企业数字业务面临的十类欺诈行为 / 27

2.1 欺诈 1——恶意"薅羊毛" / 27
2.2 欺诈 2——刷单炒信 / 32
2.3 欺诈 3——刷票、刷粉、刷榜、刷阅读量 / 37
2.4 欺诈 4——恶意退货 / 42
2.5 欺诈 5——虚假账号 / 44
2.6 欺诈 6——恶意网络爬虫 / 47
2.7 欺诈 7——团伙骗贷 / 52
2.8 欺诈 8——信用卡套现 / 54
2.9 欺诈 9——洗钱 / 57
2.10 欺诈 10——山寨 App / 59
本章小结 / 61

第 3 章 追根溯源——揭底黑灰产业链 / 62

3.1 什么是黑灰产业链 / 62
3.2 黑灰产业链的构成 / 66
 3.2.1 黑灰产业链的组织形式 / 66
 3.2.2 黑灰产业链的运作流程 / 71
3.3 黑灰产业链的运作手法 / 73
 3.3.1 黑灰产账号的个人信息来自哪里 / 74
 3.3.2 接码平台 / 77
 3.3.3 "黑卡"的来源和分布 / 79
 3.3.4 群控的作用 / 82
 3.3.5 注册机、秒拨 IP 与改机工具 / 83
 3.3.6 黑灰产设备 / 83
本章小结 / 86

第 4 章 应对有道——五类行业风险防控的策略 / 87

4.1 金融行业：全流程防控 / 87
 4.1.1 金融业务风险特征：团伙作案 / 87

        4.1.2　金融数字业务安全的全流程防控 / 89
        4.1.3　案例解析：精准定位千余个套现和异常资金归结账号 / 90
    4.2　电商行业：全链路防控 / 91
        4.2.1　电商业务风险的特征：复杂多变 / 92
        4.2.2　电商行业的全链路防控 / 92
        4.2.3　案例解析：某电商平台发现并拦截5万多个"羊毛党"账号 / 93
    4.3　航旅业：精准化防控 / 94
        4.3.1　航旅业务风险的特征：恶意网络爬虫肆虐 / 94
        4.3.2　航旅业的精准化防控 / 95
        4.3.3　案例解析：某航空公司网站通过"反爬"每年节省数百万元查询费 / 96
    4.4　内容行业：多点防控 / 97
        4.4.1　自媒体、短视频等内容平台：养号猖獗 / 97
        4.4.2　直播、论坛、社交等平台：违禁信息繁杂 / 99
        4.4.3　内容平台的多点防控 / 100
        4.4.4　案例解析：某短视频平台有效甄别养号大军 / 101
    4.5　数字化转型初期企业：多维度动态防控 / 101
        4.5.1　多行业App遭遇入侵与山寨风险 / 101
        4.5.2　多维度动态防控App欺诈 / 103
        4.5.3　案例解析：某快递公司有效保障App系统安全 / 104
    本章小结 / 105

第5章　见招拆招——七种技术手段防范风险 / 106

    5.1　渗透测试——发现潜在的风险与威胁 / 107
        5.1.1　什么是渗透测试 / 107
        5.1.2　渗透测试的步骤 / 107
        5.1.3　渗透测试的覆盖范围 / 108
    5.2　"加固"App——防范客户端遭入侵和篡改 / 109
        5.2.1　什么是App加固 / 109
        5.2.2　App为什么要加固 / 110
        5.2.3　App加固的发展史及产品介绍 / 111

目录

5.3 设备指纹——核实使用者真伪 / 114

    5.3.1 什么是设备指纹 / 114

    5.3.2 设备指纹的由来 / 114

    5.3.3 设备指纹的技术类型及产品介绍 / 115

5.4 验证码——防范虚假注册与登录 / 117

    5.4.1 什么是验证码 / 117

    5.4.2 验证码的来源 / 118

    5.4.3 验证码的发展及产品介绍 / 119

5.5 部署风控引擎——感知风险，辅助决策 / 121

    5.5.1 什么是风控引擎 / 121

    5.5.2 风控引擎在银行及互联网企业中的作用 / 121

    5.5.3 风控引擎产品介绍 / 123

5.6 模型——建立专属的风险防范模型 / 125

    5.6.1 什么是模型 / 125

    5.6.2 模型的分类 / 125

    5.6.3 建模平台介绍 / 126

5.7 知识图谱——挖掘未知风险与潜在隐患 / 128

    5.7.1 什么是知识图谱 / 128

    5.7.2 知识图谱的发展 / 128

    5.7.3 零售金融知识图谱的构建 / 132

本章小结 / 134

第6章 练好内功——通过管理手段防范风险 / 135

6.1 建立全业务、全流程的风险防控体系 / 135

6.2 建立全员安全意识 / 137

    6.2.1 建立全员风险责任意识 / 138

    6.2.2 建立全员学习意识 / 139

6.3 建立完备的企业业务安全管理体系 / 142

    6.3.1 建立完善的安全管理组织架构 / 142

    6.3.2 建立健全安全管理制度 / 143

6.4 通过人员行为约束防范风险 / 144

6.4.1　通过日常规范约束违规行为 / 145
　　6.4.2　通过零信任安全约束操作行为 / 145
6.5　监管部门制定的规范与标准 / 147
　　6.5.1　《金融科技（FinTech）发展规划（2019—2021年）》 / 148
　　6.5.2　《银行业金融机构数据治理指引》 / 150
　　6.5.3　《商业银行互联网贷款管理暂行办法》 / 151
　　6.5.4　《网络小额贷款业务管理暂行办法（征求意见稿）》 / 154
　　6.5.5　金融信息保护相关规范 / 155
　　6.5.6　《网上银行系统信息安全通用规范》（2020版） / 157
　　6.5.7　《网络安全等级保护条例》 / 158
　　6.5.8　保障App安全的管理规范 / 159
本章小结 / 161

第7章　有理有据——运用法律手段防范风险 / 162

7.1　《电商法》防范网购交易风险 / 162
　　7.1.1　解读《中华人民共和国电子商务法》 / 163
　　7.1.2　《电商法》相关执法案例分析 / 165
7.2　《反不正当竞争法》保障公平竞争 / 167
　　7.2.1　解读《中华人民共和国反不正当竞争法》 / 168
　　7.2.2　《反不正当竞争法》相关执法案例分析 / 170
7.3　《网络安全法》保障企业信息安全 / 173
　　7.3.1　解读《中华人民共和国网络安全法》 / 173
　　7.3.2　《网络安全法》相关执法案例分析 / 177
7.4　《刑法》（相关法律条文）保障两类安全 / 181
　　7.4.1　保障网络安全 / 181
　　7.4.2　保障信用卡安全 / 185
7.5　即将颁布的相关法律法规 / 193
　　7.5.1　《中华人民共和国数据安全法（草案）》 / 193
　　7.5.2　《个人信息保护法（草案）》 / 195
　　7.5.3　《互联网信息服务管理办法（修订草案征求意见稿）》 / 196
本章小结 / 198

第 8 章 洞见未来——企业数字业务安全风险防控的趋势 / 199

8.1 企业数字业务安全风险与防控的变化趋势 / 199
    8.1.1 企业数字业务安全风险的变化趋势 / 200
    8.1.2 企业数字业务安全防控的发展趋势 / 201
8.2 日趋先进的风险防控技术 / 203
8.3 企业纷纷设立业务安全团队 / 206
本章小结 / 208

第 1 章
认识企业数字业务安全风险

在移动互联网广泛普及与互联网新商业模式的推动下,越来越多的企业开始实施数字化转型,大力拓展数字业务。在这一过程中,企业面临的外部网络环境日益复杂,自身的应对能力和意识都存在不足,包括金融、零售、电商、内容等众多行业的数字业务都在面临着前所未有的安全风险。何为企业数字业务?何为企业数字业务安全?何为企业数字业务安全风险?本章就将为读者朋友们介绍这些基本概念。

1.1 什么是企业数字业务

企业数字业务就是企业业务的数字化,是数字经济时代企业生产经营的主要方式。企业借助大数据、云计算、移动互联网、人工智能、区块链等技术,对企业研发设计、生产制造、经营管理、市场营销等各个环节进行数字化升级改造,提高生产经营自动化、智能化程度,提升生产和经营效率,增加产品附加值,增强企业业务创新和管理能力,推动产业转型升级与结构调整,实现资源的优化配置与循环利用,并催生出新的产业,形成新的业态,实现经济高质量发展。

例如,航空公司利用网站、App、小程序等工具推进精准营销,为客户提供出行、酒店住宿、购物、积分换购等精细化服务,增强用户黏性;银行通过提供手机银行服务、移动服务,为用户提供更精准的普惠金融服务,利用人工智能与大数据技术,更好地满足客户需求。这些都是企业业务的数字化,这些业务也就是企业数字业务。

随着企业数字化转型的深入发展,企业数字业务日益成为企业业务的常态。企业数字业务呈现出在线化、数据化、场景化的三个特点,如图1-1所示。

图1-1 企业数字业务的三个特点

1.1.1 在线化

数字业务不单纯的是"业务上网"而是"业务在线",也就是打破物理限制,业务随时随地接入互联网;突破时间限制,7×24小时不间断地提供服务。例如美团的餐饮外卖服务,消费者通过手机客户端完成下单、支付,商家收到订单、制作餐食、核销订单,快递员取货、送上门,整个交易过程中商家与消费者没有见过面，全部通过线上完成。

企业将产品、服务、会员体系贯通，消除企业内部信息孤岛，实现线上业务和线下业务的一体化融合，提升流程效率，让产品与体验融合得更加紧密。在此基础上，通过产品将内部数据与外部场景更好地连接，就实现了业务的在线化。

产品随时在线，服务随时在线，企业也就随时与消费者保持连接，拉近了企业与消费者的距离，让后端生产与前端消费直接连接，企业可以直接倾听到市场的声音，及时了解消费者的反馈，从而能够及时做好业务调整、需求定制等工作。

1.1.2 数据化

数据是数字业务的重要生产元素。数据不仅能够帮助人们更好地组织和规划生产经营，更能有效地进行判断和预测。数据不仅仅是一张张宽表、一行行数字、一列列信息，通过对数据的梳理、加工、分析、挖掘，让数据包含的价值"活"起来，让客户的形象立体起来，可以让企业提供更精准、精细化的服务。

数据成为新型生产要素，不仅在推动经济发展、提升政务效率、加强社会治理等方面发挥重要作用，更是新产品和新服务、新流程和新组织方式、新业态、新模式和新市场的基础，对推动各类经济部门提高生产效率，对推动数字经济发展具有重大意义。

企业的设计、生产、研发、营销、服务等都离不开数据。数据不仅能够帮助企业更好地组织和规划生产经营，通过分析数据，更能有效地对业务进行智能决策。

通过数据化，企业能够对用户进行精细化管理，实现用户与商品的最佳匹配，降低用户注意力资源的浪费。通过数据化，企业能够准确评估客户对公司的黏性和满意度，计算营销投入产出比时能够把控客户资源的损耗，以实现用户价值最大化的方式来展开客户营销。通过数据化，企业更能够提升和改进产品与服务，对业务全生命周期进行科学管理。

1.1.3 场景化

随着数字化的普及，用户的需求从原先的单一维度、统一的形式，向多元化、精细化的形式转变，作为卖方的企业为了更精准地满足用户多元化的需求，需要通过差异化的场景提供产品服务。所谓场景化，就是指企业在不同的场景中为用户提供满足需求的服务或产品。产品即场景，服务即场景。产品与服务不再是一个静态的概念，而是人们愿意为一个具体场景下的方案买单，场景是赋予产品意义的重要因素。

例如，购物平台不仅提供物品买卖，还向用户提供分期金融服务，以缓解用户资金不足的问题；金融机构不仅提供传统金融服务，还提供各类生活和零售业务，以刺激用户的消费；航空公司不仅提供机票等服务，还开始提供机场接送、酒店预订等服务，以挖掘用户更大的价值。

场景化不仅扩大企业营销覆盖范围，提升目标用户精准度，满足用户多元化的需求，有效提升业务与用户的黏性，更让企业进一步了解用户的需求，为企业数字业务升级提供有力支撑。

1.2 什么是企业数字业务安全

企业数字业务安全就是企业的数字业务中各个环节稳定安全地运行，从而对外提供稳定可靠的服务。企业数字业务安全包含账户安全、交易安全、支付安全、营销安全、数据安全、推广安全、信贷安全、客户端安全等，如图1-2所示。

第 1 章　认识企业数字业务安全风险

图 1-2　企业数字业务安全

- **账户安全**：账户是用户使用企业数字业务的重要身份证明。用户通过注册账户可以享受浏览、购买、交易、支付、评论、下载、观看等数字化的服务。账户安全就是防范账户遭到虚假注册、恶意登录、账号窃取、账号操控等攻击行为。

- **数据安全**：数据指企业数字业务涉及的各项数据，包含个人敏感信息、产品开发代码、订单交易信息、用户评论信息、商品展示信息、图片、视频、文章、课程等，是企业数字业务的重要资产。数据安全就是防范数据遭外部窃取、盗用、盗链、恶意爬取等攻击行为。

- **客户端安全**：App、Web 网站等客户端是企业面向客户提供数字业务的平台，是用户浏览信息、与企业交互、进行交易和支付的重要渠道。客户端安全就是防范 App 及 Web 网站遭受外部入侵、代码被窃取篡改、App 被伪造山寨等攻击行为。

- **支付安全**：支付是指用户与企业之间的货币支付、现金流转、资金清算与查询统计。支付安全就是防范支付过程中遭到外部入侵、劫持、篡改、窃取等攻击行为。

- 交易安全：交易是指企业数字业务中产品或商品的买卖行为。交易安全就是防范交易过程中遭到外部劫持、入侵、破坏等攻击行为。
- 营销安全：营销是指开展经营活动、销售行为的过程，营销安全就是防范企业的营销活动遭到外部薅羊毛、刷单、刷粉等欺诈行为。
- 推广安全：推广是指企业通过各种渠道将产品或服务进行宣传的过程。推广安全就是防范推广过程中的虚假 App 安装、虚假点击、虚假流量等欺诈行为。
- 信贷安全：信贷是指基于信用或有价抵押品的金融贷款。信贷安全就是防范虚假借贷、团伙骗贷、异常资金归集、贷后失联等欺诈行为，保障企业资金安全。

1.3　什么是企业数字业务安全风险

所谓企业数字业务安全风险，就是企业数字业务遭遇到有组织、有目的薅羊毛、刷单、炒信、数据爬取、账户盗用、窃取信息、骗贷、养卡套现等欺诈或攻击行为，进而导致企业面临财务损失、品牌受损等业务风险，影响业务正常运营，乃至企业健康发展。

2018 年 6 月，某银行的信用卡一夜之间提升 15 万元额度，遭不法分子狂刷；2019 年 1 月，某电商平台被恶意薅羊毛，损失达千万元；2020 年 4 月，北京市宣布公共卫生应急响应级别调至二级的消息公布 1 个小时内，出京航班信息搜索查询量暴增，其中大量查询来自恶意爬虫，热门航线更是遭遇大量虚假抢票；2020 年 10 月，某老年粉丝沉溺于技术手段做出的虚假账号，深信与偶像相恋，离家出走；在直播电商大行其道的 2020 年，某网红带货直播中成交数万单，然而直播结束后 85% 订单被退货……这一系列数字业务安全风险事件都震动着企业的神经，更给市场和消费者带来极大的震撼。

《IDC 创新者：中国业务安全之反欺诈技术，2019》白皮书中认为，中国数字化转型及数字化原生企业将长期面临业务欺诈（即数字业务安全问题）的严峻挑战。"黑灰产的欺诈攻击已经覆盖了几乎所有业务场景，业务安全反欺诈已经成为全球各行各业企业级用户不容忽视的问题。面对每天频繁的业务交互，如何实时精准识别海量数据的真实性、合规性，对于业务提供者来说尤为重要。"

数据显示，全球企业每年的数字业务安全风险导致的损失超过 500 亿美元。国内权威部门的一项统计显示：网络黑灰产从业人员已超过 150 万人，市场规模超千亿元。

1.4 企业数字业务安全风险的成因

企业数字业务安全风险是伴随着数字化的普及和发展而产生的。企业业务转型线上实现数字化后，新的商业模式带来了全新的业务环节，而由于企业内部在技术、管理、思想上存在着种种不足，导致企业数字业务的各个环节之间存在着若干安全隐患；随着技术门槛的降低，掌握各种攻击手段也不再困难，企业面临的外部攻击和欺诈愈加专业，手段多样，攻击成本日益降低，企业数字安全风险产生的原因如图 1-3 所示。

1.4.1 新的商业模式带来风险

企业数字化业务的发展离不开移动互联网的推动。移动通信技术的迅猛发展、智能终端的广泛应用，推动着移动互联网的飞速发展。人们可以随时随地通过移动互联网快捷地获取各种网络服务。移动互联网催生的移动支付,让随时随地的在线交易成为可能。共享出行、共享单车、网约车、外卖平台、移动互联网金融等一大批新的商业新生态随之而生,如图1-4所示。

图1-3 企业数字业务安全风险产生的原因

图1-4 移动互联网时代的商业新生态

伴随着新的商业模式的诞生,新的风险也开始显现。一方面,线上与线下的环境、逻辑、用户距离上差异很大，例如，数字化业务是一种随时随地、7×24 小时不间断提供服务的模式，让用户与企业的距离更近，业务逻辑更短，让下单、交易、核销、个人信息传递等关键业务流程直接在线上进行，由此产生了一大批新的漏洞隐患。另一方面，企业的管理者和运营者缺乏系统的数字化业务运营经验和安全意识，对数字业务的风险意识淡薄，相应的数字业务安全措施并没有系统规划和准备，由此为遭遇风险攻击埋下了隐患。

2013 年如雨后春笋般出现的 O2O 服务，商家为了拓新拉客占领用户手机，红包、优惠券、免单券、折扣券、礼品、试吃试用、返利等企业推广手段层出不穷。鼎盛时期，在北京朝阳区望京 SOHO 楼下的"O2O 推广一条街"转一圈，领取到的各种优惠够一个成年人足吃足喝一整天。

2014 年，互联网金融公司成为推广新主角。无门槛的加息券、返利券、现金和丰厚推广礼品吸引了大批参与者。

就在这一年，一部分人开始利用社群或社区有组织、有计划、大规模地领取商家优惠，并通过多种平台进行转售获利。由于收益可观，"薅羊毛能赚钱"的理念迅速流行并扩散。恶意薅羊毛的业务欺诈参与者逐步呈现职业化、团伙化特征，创造出更多薅羊毛的方法和工具，并形成了信息窃取、账号倒卖、工具制作、攻击实施、商品转售的完整产业链条，业内称之为"黑灰产"（后续章节会对黑灰产进行详细解读）。

1.4.2 风险攻击手段越来越专业，成本越来越低

业务安全风险与技术发展紧密关联。移动互联网、云计算、人工智能等技术在企业数字化业务中取得显著应用成效的同时，由新技术驱动的业

务安全风险也正在形成。技术在助力生产的同时，也正在成为黑灰产发动风险攻击的工具，并降低了风险攻击的门槛和成本。

2018 年，警方抓获某高科技犯罪团伙。该犯罪团伙使用基于神经网络模型的深度学习技术，训练了多个验证码图片识别模型，能快速识别当前网上 80%以上的验证码。在突破验证码安全防护策略后，嫌疑人就可获取网站后台的数据、网友敏感信息。

此外，该犯罪团伙还制作出很多"技术先进"的智能牟利工具，用于其他犯罪手段。例如，利用自动售货机器人贩卖各类被盗的账号，利用人工智能技术批量解封被封账号等。

黑灰产的技术应用不仅自用，还会通过各种方式出售或租赁给其他非法组织、个人使用。

在黑灰产业链中有明确的分工。以上面的犯罪团伙为例，是典型的上游基础组，主要是提供各类破解工具、打码平台、伪造工具、代理工具；中游信息组主要是提供社工库、垃圾注册、盗号、洗号、信息盗取、数据爬虫、交易交流平台；而下游变现组，主要实施骗贷、欺诈、刷单、刷粉、薅羊毛等攻击行为。

通过上下游分工明确黑灰产业链，普通人已经可以轻易购买到各类黑灰产工具，对企业的数字业务发起攻击。

1.4.3　企业数字业务存在若干隐患和漏洞

企业数字化业务通常随时随地、7×24 小时不间断地提供服务，这在提升用户使用体验的同时，也对业务的风险管理、运营管理提出了更高要求，然而众多企业在数字化浪潮中并没做好相应的准备。

例如，企业在业务规则上设计不合理或门槛过低，黑灰产可以反复领取优惠福利；在 App 等服务平台上存在各类系统漏洞，黑灰产能够针对这些漏洞开发各类恶意程序实施攻击；在业务模式上，企业缺乏对线上环境的预估，业务模式生搬硬套，导致业务逻辑出问题，被黑灰产钻空子；管理思路上没有跟上 24 小时在线的业务形态变化，忽略了非工作时间的安全运维，产生安全风险。这一系列问题，导致业务存在种种隐患，成为黑灰产攻击的入口。

某运营商为回馈老用户，新上线一个 App，主要为会员提供各类活动。其中一个活动是，为使用一定年限的老用户提供 500 MB 的免费流量。由于领取规则过于简单，一晚上被狂薅数百 TB 网络流量，损失惨重。该运营商第二天早上才发现问题，紧急关闭活动。在修改领取规则、部署风控系统后，活动才二次上线，但损失已无可挽回。

该风险事件非常典型，直接暴露出了三个漏洞：首先，规则设置简单，例如，一个号码可以短时间内反复领取；其次，利用其 App 存在潜在漏洞，黑灰产制作了批量薅羊毛的软件大肆"薅取"福利；再就是依旧按照朝九晚五的实体营业模式，未基于数字化业务特点，实行 24 小时的运维值班服务，以致反应迟缓，问题处置不及时。

1.5 企业数字业务安全风险的防控

1.5.1 技术防控手段

企业数字业务安全风险的防控就是运用机器学习、知识图谱和大数据分析等技术手段，对用户行为风险、业务逻辑风险、系统漏洞风险、数据泄露风险等进行智能评估，有效进行风险管理，通过优质的业务安全产品和服务，帮助企业有效抵御业务欺诈威胁，解决各个业务环节的安全问题，为业务的稳定、安全运行保驾护航。综合来看，企业数字业务安全风险防控发展呈现三个阶段，如图 1-5 所示。

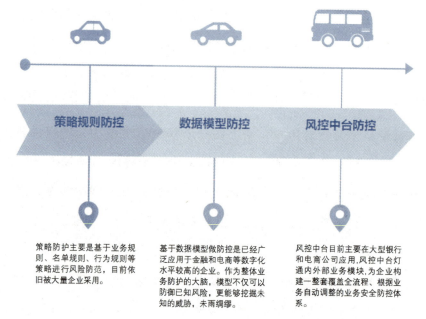

图 1-5 企业数字业务安全风险防控的三个阶段

（1）基于策略规则进行防控

策略规则防控主要是基于业务规则、名单规则、行为规则等策略进行风险防范，是目前大量企业采用的一种手段。

所谓业务规则，即业务设定的规则和条件，例如注册 48 小时才可以享受服务，新用户才能够享受优惠等；名单规则即对业务参与者的名单信息，包含风险 IP、恶意手机号、欺诈者名单、逾期名单等的管理规则；行为规则即对业务参与者从登录到交易结束的所有行为，包含进入平台、登录账号、比较选购、交易下单、完成支付等的管理规则。

由于很多策略规则比较独立，这就导致规则之间兼容协同性弱，甚至出现了"互相打架"的情况。此外，很多策略是人为设置的，主观局限性明显且灵活性不够,有可能无法应对风险的快速变化。

(2)基于数据模型进行防控

基于数据模型进行防控已经广泛应用于金融和电商等数字化水平较高的企业。作为整体业务防护的大脑,模型不仅可以防御已知风险,更能够挖掘未知的威胁,未雨绸缪。

数据模型就是运用统计、机器学习甚至深度学习等算法开发的数学模型。例如,电商企业基于业务的数据采样和数据分析,挖掘出数据中个体的全貌、个体间存在的关联,并全面呈现业务中存在的问题或风险,然后对分析出的特征、本质,计算推演出的问题或风险的产生原因、防范问题或风险的策略、路径进行整合,形成一套体系化的策略或规则集,生成模型,进而有效防控各类业务安全风险,数据模型示例如图1-6所示。

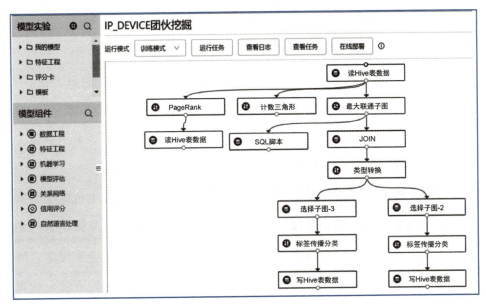

图1-6 数据模型示例

数据模型建设是一个复杂的工程。由于专业建模人才少、模型建设成本高、建设周期长等原因，大部分企业并不具备建模的能力。而且各个企业的业务场景不同，流程标准和需求目标有差异，直接使用既有模型往往不尽如人意。Xintell 等智能模型平台可以有效解决建模难、升级/更新慢、专业人才匮乏等问题，让模型建设和应用落地更加快捷。

（3）基于风控中台进行防控

风控中台目前主要应用在大型银行和电商企业中，风控中台打通企业内外部业务模块，为企业构建一整套覆盖全业务流程的、根据业务自动调整的业务安全防控体系。

风控中台以人工智能、实时决策、全栈业务为核心，围绕"感知、识别、决策、释放"的风控运营闭环的理念，按照事前感知、事中决策、事后调查的三重架构建设，结合流计算引擎、变量中心、策略中心、分析中心、监控中心等中枢系统，以及风险探针、风控引擎、可信关系、智能核身等模块，形成完备的业务安全风险防控闭环，为企业提供营销、交易、信贷、交互、支付等业务场景提供技术全链路、业务全流程的解决方案。

风控中台基于企业自身多年业务安全实践经验，打破"烟囱式""项目制"系统之间的集成和协作壁垒，使数据、规则、策略的实现共融共享，实现整体的联防联控，让策略、模型升级调优和配置更加灵活。

当前，用户需求愈加多元化，业务更迭更为频繁。风控中台能够根据业务进展的需求、变化、特性，迅速调整防控策略或措施，有效防范已知和潜在的未知的风险，迅速构建专属业务安全系统，提高服务重用率，降低前台业务的试错成本，大幅降低部署建设成本，满足业务快速变化的需要，风控中台的架构如图1-7所示。

第1章 认识企业数字业务安全风险

图1-7 风控中台的架构

1.5.2 制度与规范的防控

在业务安全防控上，除了技术手段之外，管理手段也是重要的一方面。企业必须建立良好的流程规范，明确的规章制度，通过严谨科学的管理体系，保证企业员工既专业又职业，通过练好内功，有效防范企业数字业务面临的安全风险。

- **建立业务安全解决方案**。企业应引入事前预防、事中检测、事后分析的全业务、全流程的业务安全解决方案，构建多层次、全流程、纵深的防控体系。步步为营，层层设防，黑灰产即使入侵进来也只能在可控的范围内造成影响。就好比在城堡周围建设了好几道防御网，城堡又分为外城和内城，攻击者必须突破好几层防御才能接触到核心业务，让其攻击成本大大提高。事前预防、事中检测、事后分析是目前主流的业务安全解决思路。通过覆盖业务全流程、全过程，有效降低业务风险，平衡业务运营与安全管理，让防控更精准高效且保持与时俱进。

- **建立全员安全责任意识**。全体业务人员和安全人员应清楚明了地知道自己的职责，并将这种认知转化到具体的工作行动中去。全员安全责任意识的形成需要从上至下的贯彻、长期不懈的坚持、事无巨细的践行，才能使整个团队建立起责任思维和行为定式，将风险控制在萌芽状态。

- **严谨科学的管理体系**。没有良好的管理体系，再好的技术和防控体系，再专业的人才，也无法有效地发挥作用。完备的管理体系是保障安全技术手段发挥具体作用的最有效保障，建立健全安全管理体系不但是国家等级保护中的要求，对于数字业务开展越来越广泛的各类企业来讲，更是不可或缺的重要组成部分。企业的业务安全管理体系应该是系统的、严谨的、不断创新且符合企业实际发展需求的，必须具有明确的战略目标和严密的组织架构，适当的激励机制以及有效的执行策略。

- **专业的安全团队**。人是技术的使用者，规范的制定者，也是最容易被忽略的风险点。纵然有铜墙铁壁，如果业务安全人员不合格，再缺乏科学的管理规范和强有力的制度约束，那么再完善的风险防控体系也会功亏一篑。人在整个业务安全管理工作中既是管理的主体也是管理的客体，具有双重身份。因此，人的管理在业务安全体系中尤为重要，需要建立日常规范制度，强化到公司全体人员行为规范中，既堵住了潜在的安全漏洞，又提升了全员安全意识。

- **标准规范**。监管部门出台了一系列规范标准用于防范数字业务安全风险，保障企业业务安全，保护用户合法权益，这些标准与规范一方面为企业当前业务安全提供了指导，另一方面也为企业长远发展奠定了基础。

1.5.3 法律护航

除了技术手段和管理手段防范风险之外，法律也是企业有效防范数字业务风险的有力武器。导致各类数字业务风险的产生根源，一是抱有不良企图的人（黑灰产），二是被这些人利用的技术手段。技术本身只是工具，没有对错之分，但是用技术实现各种恶意目的的人的行为是需要法律来约束的，必须通过法律约束规范技术的使用范围。

黑灰产的各种欺诈行为不仅给个人和企业造成财产损失，带来风险，也是违法犯罪行为。针对黑灰产的欺诈行为必须有相应的法律制裁手段，从而对其形成有效震慑。监管部门已经出台了一系列法律法规，从法律角度有效防范数字业务安全风险，保障企业数字业务安全，为企业应对各类欺诈手段提供了保障，保护用户的合法权益。

企业的相关部门应熟悉相关的法律法规，高效利用法律法规为武器，防范风险，应对风险。具体来说，我国的电商法、网络安全法、刑法等法律法规，可以对网购交易、公平竞争、企业信息安全、网络安全、信用卡安全、贷款资金安全等多个层面、多种类型的企业数字业务提供法律保障。

1.6 哪些行业面临数字业务安全风险

一般来说，数字化水平越高，业务套现获利越大的行业，其数字业务风险系数越大。例如，金融、零售、航旅、直播、游戏、内容等行业。

1.6.1 银行业

在当今的数字化时代，不论身处何地，只要有网络，就能够进行支付、存贷、转账、理财、结售汇等金融活动。这些在当今生活中已经非常普及的在线金融服务，在几十年前是完全不可想象的，而我国银行电子化近三十年来的巨大发展，使人们能够享受到这些便利的服务。

（1）银行业改革是银行电子化发展的序曲

1979 年是至关重要的一年。这一年，农业银行重新恢复成立，中国银行和中国建设银行也分别从中国人民银行和财政部分离出来。1984 年，中国工商银行从中国人民银行分离；同年，中国人民银行发布了《信贷资金管理试行办法》，中央银行与专业银行的二元银行体制及多种所有制金融机构体系逐步形成。

随后，银行改革发展步入快车道。1986 年，交通银行、招商银行、中信实业银行、深圳发展银行、福建兴业银行、广东发展银行等一批新兴的股份制商业银行陆续创立；1994 年，国家开发银行、中国农业发展银行和中国进出口银行三大政策性银行成立；1995 年起 35 个大中城市分期分批组建由城市企业、居民和地方财政投资入股的地方股份制城市合作银行；2003 年开始，中国工商银行、中国银行、中国建设银行、交通银行等银行全面启动股份制改造并成功上市；2007 年的春天，汇丰、花旗等外资银行在我国取得法人营业执照。

（2）银行电子化发展的四个阶段

银行业电子化是在银行业改革的基础上而来的。20 世纪 80 年代中期，中国人民银行牵头成立金融系统电子化领导小组，制订了金融电子化建设规划和远期发展目标。总体设想是"六五"做准备，"七五"打基础，"八五"上规模，"九五"基本实现电子化、信息化。

总体来看，我国银行业电子化发展可以分为以下四个阶段。

第一阶段是 20 世纪 80 年代，我国银行业实现了通过 ATM 等设施提供金融服务。

第二阶段是 1995 年到 2007 年，我国银行业进入了网络银行时代，广大用户可以在网上进行转账、汇款、开户。

第 1 章　认识企业数字业务安全风险

第三阶段是 2007 年到 2015 年，我国银行业进入移动互联网时代，随着智能手机的广泛应用，用户可以随时随地进行金融活动。

第四季阶段是 2016 年以后，我国银行业进入 Bank4.0 时代，银行的业务产品实现了数字化，数字化的金融服务无处不在。

（3）金融机构的新变化和新需求

2020 年新冠疫情影响全球经济，基于零接触的在线服务增长迅猛。金融机构加速数字化转型，金融服务从传统的零售端转向贸易链、供应链。金融机构利用线上服务的优势将业务边界延伸，不再局限于金融服务，扩大了业务范围和服务边界，为了满足客户个性化、差异化的需求，推出更多定制化的产品和服务。同时，监管部门陆续出台多项规定，促进金融业务健康发展。

此外，数字化不仅没有改变金融的本质和风险属性，还使金融具有技术性、规模性、草根性、传染性和隐蔽性等特点，这使得风险愈加复杂多样，在监督管理、安全保证和客户隐私保护以及纠纷处理等方面都面临很大的挑战。

- **多业务场景的管控需求**：银行拥有柜台、自动存取款机、自助终端、电话银行、手机银行、网上银行等不同的自有渠道，还有贷款、理财、证券、基金等众多类型的产品，客户能够从多个不同渠道办理"存贷汇"、理财等金融服务。业务场景不同，面临的业务风险特征也有差异，银行需要统一的风险管控，以提升管理效率。
- **对抗复杂风险的需求**：科技与金融的融合，让金融出现跨界、跨区域交叉混业的明显特征，由此带来的金融风险，具有传染性、涉众性，溢出效应更强，扩散速度更快、风险形式更加复杂，这对银行的业务逻辑、风险管理提出了更高要求。

- **监管和客户友好度需求**：随着市场进入存量竞争阶段，对于客户资源的精细化管理愈加重要，不仅要深度挖掘客户价值，做好客户画像，更需要与客户建立良好的互动体验，每一项决策和措施都能够让客户感受到尊重，具有可解释性，风控决策既能够增强客户关系，也能满足监管层穿透式管理需求。

（4）金融机构面临的业务风险

随着经济发展进入新常态、消费者数字化需求的增长，以及新技术的迭代更新，银行业面临着新的挑战。金融机构的业务安全面临着账户风险、骗贷风险、异常资金归集风险、犯罪洗钱风险、养卡套现风险，如图1-8所示。

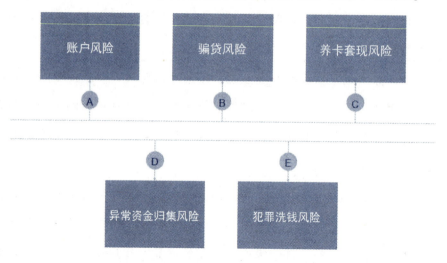

图1-8 金融机构面临的风险

- **账户风险**：用户账户的注册、登录、密码等信息被盗用，资金、账号被控制等。
- **骗贷风险**：不法分子通过各种不法手段获取公民个人信息，并进行针对性的包装，使其符合金融机构借贷或信用卡审批政策，骗取银行资金。

第 1 章 认识企业数字业务安全风险

- **养卡套现风险**：欺诈团伙利用不法商户或刷卡设备制造虚假刷卡消费交易，以少量的手续费把信用额度全部变现。
- **异常资金归集风险**：多人或集体申请了数额不等的消费贷款和个人信用贷款，将资金用于他用。一旦产生逾期甚至违约，将会给金融机构造成资金损失，甚至引发系统性风险。
- **犯罪洗钱风险**：欺诈团伙通过多种手段隐藏非法行为，绕过金融机构监管措施，导致金融机构违反监管政策、损失资金，并遭到监管部门处罚。

1.6.2 零售行业

零售是企业向最终消费者个人或社会集团出售商品及相关服务，以供其最终消费之用的全部活动。电商、实体门店、地摊、商场、O2O 等都是零售业的典型模式。随着数字化的普及，线下线上问题聚合交错，让零售业务运行更加复杂，各类风险层出不穷，零售行业面临着最典型的业务安全风险，如图 1-9 所示。

图 1-9 零售行业面临的风险

- 零售行业企业的 App 或网站，面临着数据被恶意爬取、商品信息泄露、App 或网站被山寨仿冒等系统风险。
- 零售行业的企业账户，面临着虚假注册、恶意登录、暴力破解、信息泄露等账户风险。
- 零售行业的市场营销活动，面临着恶意薅羊毛、垃圾广告、推广作弊、活动套利、黄牛秒杀等营销风险。
- 零售行业的交易过程，面临着恶意下单、虚假评论、虚假点赞、恶意抢购等交易风险。

1.6.3 数字媒体行业

随着社区、网站、公众号、新闻客户端、短视频平台的发展，互联网上的文字、图片、音频、视频等内容信息呈爆炸式增长，数字媒体行业发展迅猛，但也掺杂着黄赌毒、淫秽色情、涉政暴恐、灌水广告、垃圾信息等，这些内容不仅扰乱数字媒体的正常运行，还会令数字媒体面临各类监管审查风险。

除此外，数字媒体行业的风险还包含平台敏感信息被爬取、裂变营销作弊、客户端漏洞等，如图 1-10 所示。

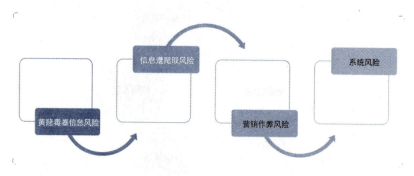

图 1-10　数字媒体行业面临的风险

1.6.4 航空业

在航空业中,各个航空公司需要通过中航信进行高频的付费查询。一些代理人为了节约查询成本、从中牟利,通过智能化软件爬取其他机构的实时数据来代替直接付费查询,同时通过虚假身份买下机票,然后加价转售,这就为航空业的正常运营带来了巨大的业务风险。航空企业主要面临以下三种业务风险,如图1-11所示。

图1-11 航空公司面临的风险

- **恶意"爬虫"增加航空公司查询开支**:恶意"爬虫"非法抓取航空公司B2C网站或官方App等平台上的航班信息,浪费航空公司带宽资源,更白白消耗航空查询费用。
- **虚假的查询量影响航班机票的动态定价**:虚假的搜索查询量会导致航空公司收益管理系统算法产生误判,给出不符合实际情况的运价调整(即机票价格),严重损害消费者权益以及平台的口碑。
- **黑灰产倒票赚取差价影响正常运营秩序**:黑灰产利用"爬虫"抓取航班票务信息后,通过虚假的身份信息预订航线机票。在航空公司允许的订票付款周期内,加价转售给真正需要购票的消费者。这种行为不仅损害消费者的合法权益,更是严重扰乱航空公司的正常运营。

1.6.5 网络直播行业

网络直播作为一个兴起不到五年的行业,其极速崛起的速度令人咋舌。网络直播行业通过网络广告、电商、网络品牌活动等多元的营销变现模式,产生了巨大的网络流量。而有流量的地方就有利益,有利益的地方自然就会吸引、滋生黑灰产的入侵。网络直播行业也面临着直接的业务风险,其遭遇到的风险主要有以下三种,如图1-12所示。

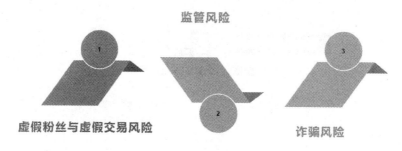

图1-12 网络直播面临的风险

- **虚假粉丝与虚假交易风险**:每天都有成千上万的人涌入各个直播和短视频平台。平台上大量的主播没有知名度,也没有粉丝基数,很难获得平台的推荐。黑灰产为主播刷粉丝、刷流量、刷赞、刷评论,提供真人挂榜、互动、送灯牌、真人实时跟播互动等服务,提升其知名度。这就给平台和广告主带来虚假粉丝和虚假交易等风险。
- **诈骗风险**:黑灰产在直播平台上创建假冒的明星或知名人物的账号,利用他们的知名度和影响力吸引粉丝,向粉丝兜售假冒伪劣商品、虚假理财产品、索取钱财,并把积累的粉丝吸引到其他平台上,继续进行诈骗。给平台带来经营风险,给用户带来诈骗风险。

第1章 认识企业数字业务安全风险

- 监管风险：个别直播平台的主播通过涉黄直播、淫秽视频、黄色小说、赌博游戏等内容来吸引用户，并通过广告、用户充值消费、诱导用户赌博等手段来获取收益，平台一旦管理不慎，就会产生监管风险，给用户带来诈骗风险。

1.6.6 在线游戏业

在线游戏业的快速发展，产生着高额的利润，也伴随着日趋激烈的行业竞争，在线游戏行业每天都面临着业务发展和业务安全的双重挑战。在线游戏行业普遍面临三大安全风险：盗号风险、外挂风险和 DDoS 攻击风险，如图 1-13 所示。

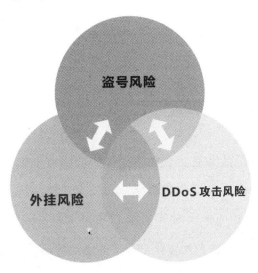

图 1-13 网络游戏面临的风险攻击行为

- 盗号风险：黑灰产通过盗号木马、钓鱼等方式对玩家的游戏账号进行盗取，窃取玩家在游戏中花了大量的时间和精力积攒起来的角色装备、金币等虚拟财产，不但给玩家带来极大的损失，更影响一款游戏的长久稳定运营。

- 外挂风险：黑灰产通过制作改变游戏软件规则、设置、服务、策略等方式的第三方作弊程序进行牟利。例如，将人为闯关卡、挣金币的规则修改为程序自动操作、缩短游戏进程、降低游戏难度、进行虚假充值等，严重破坏了游戏运行的公平性，降低了可玩性和社交性，给游戏和玩家带来巨大的经济损失。
- DDoS 攻击风险：DDoS（分布式拒绝服务）是指处于不同位置的多个攻击者同时向游戏服务器发动攻击，或者一个攻击者控制了位于不同位置的多台机器，并利用这些机器对游戏服务器同时实施攻击，进而导致用户无法登录游戏平台，无法进行操作的情况，给平台和用户带来经济损失。

这些安全风险影响了游戏业务的顺利运营，更阻碍了在线游戏行业的发展。

本章小结

本章详细介绍了什么是企业数字业务安全、业务安全风险产生原因、业务安全防控的手段以及面临着数字业务安全风险的行业等内容。下一章将重点介绍企业面临的十大欺诈行为，通过案例分析每类欺诈行为的特征、作案手法，这些欺诈行为直接导致了企业数字业务的安全风险。

第 2 章
触目惊心——企业数字业务面临的十类欺诈行为

企业数字业务面临的安全风险主要是各类业务欺诈行为引起的。企业主要面临哪些欺诈行为？这些欺诈行为有什么特征？给企业的数字业务带来了哪些影响？本章就将结合实例，详细揭示十类形式多样、触目惊心的欺诈行为。

2.1 欺诈 1——恶意"薅羊毛"

"薅羊毛"是很多企业进行促销让利的一种形式。羊毛分两种：一种是企业通过打折促销等营销活动主动让利，吸引消费者来"薅"，从而提升销售额，增强用户体验，这称之为推广促销；另一种是黑灰产利用企业的业务漏洞，借助技术手段，批量抢夺原本属于消费者的优惠和福利，并给平台或主办方带来经济损失的欺诈行为，这称之为恶意"薅羊毛"。

1. 专事"薅羊毛"的"羊毛党"

如今,黑灰产的恶意"薅羊毛"已形成产业化,这种欺诈行为门槛低、人数多、危害大、组织化明显,已成为造成企业数字业务安全风险的最主要因素之一。

参与"薅羊毛"的人员称之为"羊毛党"。根据操作与分工不同,羊毛党分为多个层级,如图2-1所示。

图2-1 "羊毛党"的多层等级

初级"羊毛党"称为"刷手",一般处于最下线位置,主要做注册账号、刷交易量、点击广告、刷单等简单任务,以在校学生、无固定职业的居家人员为主;稍高一级的"羊毛党"负责给"刷手"下达具体任务、发放酬劳、接受上级平台任务,被称为"包工头";再高一级的"羊毛党"称之为"小作坊";小作坊一般在多平台拥有多个账号,能够为平台导流量、完成推广任务,并由此赚取相应佣金;更高级的"羊毛党"称之为"专业

第 2 章 触目惊心——企业数字业务面临的十类欺诈行为

刷手",多是几个人的小团伙或以工作室的形式存在,他们手里拥有大量账号,拥有各种注册登录、改号群控的软件工具,并拥有专业的开发人员;再向上一级就是"团长",多是公司化运作,主要为行业、企业以及 UGC(User Generated Content,用户生成内容)平台提供推广、营销等服务。

2. 恶意"薅羊毛"的危害

"双十一""6·18"等网购节既是"剁手党"的重要节日,也是"羊毛党"疯狂牟利的饕餮盛宴。网购节正式启动的时刻,消费者登录电商平台几乎都会遇到两个问题:页面"打不开"或商品"已售罄",前者的背后是电商平台遇到了网络安全风险,后者则是遇到了业务安全风险。

页面"打不开"背后的原因是用户瞬间涌入,平台瞬时负载过大,于是出现平台 App 或网站页面"打不开";而商品"已售罄"的主要原因是"羊毛党"利用软件批量抢购原本属于正常用户的优惠福利、特价商品,当消费者到了预定时间去购买,点击原本加入购物车、收藏夹的商品时,却发现"已售罄"。

很多热门、限售商品或者低价商品在抢购时需要拼速度。在拼手速方面,普通消费者抢拍靠的是神经反应,通过人的眼手协作来完成,而"羊毛党"利用批量下单软件,设置好运行时间,选择想要参与的活动、抢购的商品,软件到时即自动运行,抢拍速度远远超过人的操作。部分软件甚至集成破解功能,能破解各电商平台加密的下单协议、绕过验证码、自动更换 IP 地址、伪造设备编号,疯狂抢夺优惠和福利。

"羊毛党"抢优惠券、秒杀特价商品等行为,不仅损害了消费者合法利益,更给消费者、商家、电商平台带来重大的经济损失。据了解,零售企业 70%~80% 的电商营销费用会被"羊毛党"们吞噬。

> 2018年12月17日，某知名咖啡品牌发起"注册新人礼"活动。凡通过官方 App 成功注册的俱乐部新会员，均可获得一份"圣诞特饮邀请券"。凭借此券，可以在国内门店免费兑换任意一杯中杯圣诞节特饮。
>
> 据监测显示，短短一天之内，"羊毛党"就注册了近 40 万个虚假账号去领取该咖啡品牌的优惠券。按照每张优惠券可以兑换一杯 30~35 元的饮料计算，估算下来价值千万元的优惠券被"羊毛党"们领走。
>
> 2018年8月上线的某电商，估值曾达到 2.47 亿美元。为了追求用户规模，利用红包补贴的方式疯狂扩张。门槛极低、返现高，推荐朋友加入还能够从他的消费当中分得佣金的拉新活动，吸引了大批的"羊毛党"加入，通过大量虚假账号恶意"薅羊毛"。补贴返现高，用户与交易额就多，就会制造出拉新活动很成功的假象；而活动一旦停止，用户与交易额就急降，该电商官方不得已只能重启拉新活动，如此反复，短短16 个月后，该电商资金耗尽，公司宣布倒闭。

3. 恶意"薅羊毛"的技术特征

在长期与"羊毛党"的攻防大战中，总结出了"羊毛党"恶意"薅羊毛"的几个显著的技术特征，如图 2-2 所示。

- **IP 地址高度统一**：正常用户来自五湖四海，注册登录操作的 IP 地址各不相同。而"羊毛党"们的注册设备和软件通常使用同一个宽带线路接入网络，注册和登录平台的 IP 地址基本固定，或来自于同一批代理 IP。

- **账号注册登录多集中在非业务时间段**：正常用户一般是在正常作息时间内注册登录操作，一旦出现问题可以及时联系工作人员解决。

第 2 章 触目惊心——企业数字业务面临的十类欺诈行为

而"羊毛党"则喜欢在休息时间段操作,此时平台的系统监控会相对放松,"羊毛党"批量操作时会占用平台带宽或接口,在非业务时间段操作可以避免引起运营者的警惕。

图 2-2 "羊毛党"的特征

- **账号注册登录行为流畅**:正常用户注册登录时,要人工输入用户名、密码、手机号,收到验证码后还要再次手动输入,整个过程不规律且有一定延迟,过程中可能会因为不熟悉规则或因为其他事情而耽搁中止。而"羊毛党"使用自动化的软件工具进行账户注册,流程化作业如行云流水般一气呵成,在速度和节奏上是人工速度的数倍。

- **设备特征长时间无变化**:正常用户注册登录时,可能坐在椅子上、躺在床上、坐在车上,手机会根据动作进行不同角度的调整,手机的水平高度也会不停地调整。"羊毛党"使用软件操控批量设备，这些设备大多是放置在不同机架上，24小时保持角度和水平线无变化。

- 操控的手机型号比较统一："羊毛党"为了牟利，会尽量降低设备投入成本以实现利润最大化，因此价格低廉的手机或者二手手机是他们重要的设备来源。手机批量购入，型号相同，比较单一。

2.2 欺诈2——刷单炒信

刷单炒信就是店家付款请人假扮顾客虚假购物，从而提高网店的排名和销量及好评数，从而吸引真实顾客的欺诈行为。通过刷单炒信，网店可以获得较好的搜索排名，例如，在平台搜索时"按销量"搜索，店铺因为销量大（即便是虚假的）会更容易被买家找到。

刷单炒信不仅是欺诈行为，也是一种不正当的竞争手段，既会对消费者造成误导，影响用户购买选择，还会影响平台和市场管理部门的数据统计与业务决策，带来业务经营风险。

1. 刷单炒信的危害

（1）网店刷单严重影响用户购买决策

刷单能够迅速提升网店的曝光度和交易量，进而影响顾客的选择和购买决策。但是非正规手段提升的交易量不代表真实的商品品质和口碑，用户受到误导遭受损失就难免了。

> 2017年，媒体报道过这样一则消息：北京海淀区某高校教师在某大型电商平台上看到，10片/1300克的"澳洲家庭纯菲力西餐牛排"只要98元，价格诱人。她起初疑虑："低价背后会不会有猫腻？"，但查看

第 2 章 触目惊心——企业数字业务面临的十类欺诈行为

> 购买评价后发现有 2000 多人给出了好评。于是,这位教师下单购买了一份。
>
> 收到牛排后,这位教师发现牛排两边肉质颜色明显不同,属于"拼接牛排",而网站却描述为"原切牛排"。烹饪后发现牛排的口感更是劣质。这位教师咨询专家得知,自己收到的低价牛排是用拼接肉、重组肉以次充好的劣质品。网店销售以次充好的牛排,为什么有那么多网友给出好评?媒体调查发现,这是该网店通过"刷单"制造虚假销量,进而炮制虚假好评,把一些并不太好的商品包装成所谓的"爆款",从而误导消费者购买。

(2)刷单炒信引发企业生存危机

一个企业靠刷单炒信制造假象,受害的不仅是企业自身,更影响整个行业乃至社会。

> 2020 年 4 月,某品牌咖啡自曝多数销售数据都是伪造的。据媒体报道:该品牌咖啡的一群员工使用手机号注册的个人账户购买了多杯咖啡的抵用券,刷单金额大概有 2 亿至 3 亿元人民币,以提升销售额。同时,该品牌咖啡向与其自己的董事长有关联的公司出售可以兑换数千万杯咖啡的代金券,使得该品牌咖啡账面收入远高于咖啡店的营业收入。
>
> 随后,该品牌咖啡受到美国证券交易委员会(SEC)方面的调查,接到纳斯达克交易所的退市通知,并从当年 4 月份开始停牌。5 月,中国证监会、国家市场监督管理总局、财政部、税务部门,与安永、特别调查委员会入驻该品牌咖啡总部,对其刷单造假一事进行同步调查。6 月 29 日,该品牌咖啡宣布退市。

2. 刷单炒信的运作流程

刷单炒信已经成为一条产业链,在虚假交易的各个环节中,涉及程序制作者、中介服务商、刷手、物流等多个角色,上下游行业分工更明确。

(1)刷单炒信的方式

刷单炒信一般分为单品刷销量、刷信誉量,有机器刷单和人工刷单两种方式,如图 2-3 所示。

图 2-3 刷单炒信分为人工刷单与机器刷单

"机器刷单"就是黑灰产团伙利用程序操控账号,自动浏览指定网店或指定商品,并自动下单、付款、好评等。其特征也很明显:黑灰产团伙储备了大量虚假账号,在同一设备中存有多个账号,经常同设备短时期高频切换 IP 地址,浏览下单等操作行为高度统一,收货地址高度统一。机器刷单成本相对较低,适合大规模批量刷单。

"人工刷单"是电商通过中介机构或三方平台发布任务,利用专职或兼职刷手的真实账号进行人工刷单。人工刷单由于是真实账户操作,且在浏览、交易上有明确的要求,收货地址分散,更具欺骗性。不过人工刷单成本较高,不符合黑灰产大规模、低投入、高利润的目的。

第2章 触目惊心——企业数字业务面临的十类欺诈行为

> 2017年6月,全国"刷单炒信入刑第一案"宣判,嫌疑人被判处有期徒刑5年9个月,并处罚金92万元;当年9月,义乌一服饰公司负责人的钟某某雇佣李某在对手网店刷单近2000单,被浙江金华中院以破坏生产经营罪,判钟某某有期徒刑2年3个月。
>
> 该案件中的被告人李某通过创建"零距网商联盟"和利用YY语音聊天工具建立刷单炒信平台,吸纳淘宝卖家注册账户成为会员,收取300元至500元不等的保证金和40元至50元的平台管理维护费及体验费,并通过制定刷单炒信规则与流程,组织会员通过该平台发布或接受刷单炒信任务。

(2)刷单炒信的运作方式

刷单炒信组织化明显,涉及网店、刷单机构、软件提供商、手机卡服务商、物流平台等多个环节,上下游分工明确,账号、刷单软件、群控、话术文案、任务平台等缺一不可,刷单炒信的流程如图2-4所示。

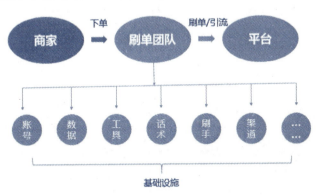

图2-4 刷单炒信的流程

刷单炒信的运行流程如下。

第一步,网店或商家根据需求,向刷单炒信机构提交刷单资料,包含商品链接、价格、下单方式、数量等。

第二步，刷单炒信机构根据商家需求，安排刷单计划，包含设置刷单数量、账户分布、操作频次、操作习惯、文案话术、操作步骤等规范，并制作任务包。

第三步，将任务包通过社群下发给刷手，或通过任务平台发布刷单任务，让刷手领取。

第四步，刷单。以某自动化刷单平台为例，按照操作要做到"11512"：11 表示在浏览主商品前先找两个同类商品，各浏览 1 分钟；5 表示要刷单的商品要浏览 5 分钟；12 表示在该店铺里找两个其他商品，一个浏览 1 分钟，另一个浏览 2 分钟；然后对商品和店铺进行收藏——刷手正是通过这样的操作，来伪装成正常的购买者，让平台难以发现。

第五步，刷单炒信机构通过空包网（提供空包裹发送服务的网站）等渠道进行快递代发，并回传快递单号给商家。空包网价格截图如图 2-5 所示。

图 2-5 空包网价格截图

第六步，商家将快递单号下载到网店，并批量点击发货。

上述整个流程非常细致，刷手们的操作伪装得跟正常买家无异，导致电商平台识别刷单炒信行为难度增加，需要提取更多的维度特征加以分析。

2.3 欺诈3——刷票、刷粉、刷榜、刷阅读量

刷票通常是指网上投票参选中的参赛者利用某种方法突破投票网站的限制，实现重复投票、增加点击率和人气的过程，是一种网络投票造假行为。

刷粉就是为公众号、微博、短视频账号等批量增加粉丝、批量增加关注，短时间内增加粉丝数量，这些增加的粉丝俗称僵尸粉。

刷榜就是利用技术或其他手段批量伪造 App 的下载数量、好评数量、点赞数量，以提高 App 在 App Store 或其他 App 市场内的排名。或者是通过技术手段或其他手段批量伪造评论、点赞、关键词，提升目标在媒体关注、社交平台曝光的排名。总之，刷榜就是通过多种手段提升目标在排行榜中的位置，吸引更多人使用或关注。

刷阅读量或播放量就是通过技术手段、工具软件，批量伪造阅读、播放次数，短期内增加阅读、直播观看数量。

刷播放量就是通过技术手段、工具软件，批量伪造视频播放次数，短期内增加目标视频的浏览数量。

刷票、刷粉、刷榜、刷阅读量的操作手法基本相同，主要是通过自动化程序或组织人工等不正当手段制造虚假的数量，如图 2-6 所示。在互联网上数量就是流量，流量意味着影响力、权利、收益。这些行为破坏了公平、公正、公开的"三公"规则，给用户造成误导，影响客户决策，不仅给企业数字业务带来经济损失，也影响企业品牌形象，损害行业健康发展。

图 2-6 刷票、刷粉、刷榜、刷阅读量手法相同

1. 刷票、刷粉、刷榜与刷阅读量的危害

（1）刷票影响比赛结果的公正性

> 某市举办摄影比赛,大奖丰厚,主办方收到了近千幅作品。为了全面展现每幅作品、提升比赛人气,主办方进行为期一周的网络投票。然而投票截止日统计发现,投票最多的前三名并非最优质的作品。主办方追踪分析发现,前三名获奖作品均采用了刷票手段提升排名,最终主办方决定取消前三名的投票成绩。

（2）刷阅读量让企业的广告费打了水漂

> 2017 年 9 月,一些大 V 公众号原来动辄数万的单篇阅读量,一下子跌到了区区数千甚至几百。阅读量,尤其是 10 万+的阅读量是自媒体行业和与日俱增的自媒体广告定价的标杆,众多公众号一篇文章的广告费动辄几万甚至几十万元。由于微信调整阅读端口,导致一大批刷阅读量工具无法刷阅读量,由此暴露出众多大 V 公众号的真实阅读数量,也让众多企业的巨额广告费打了水漂。

第 2 章 触目惊心——企业数字业务面临的十类欺诈行为

（3）刷粉让商家的订单成迷

> 2020 年 11 月，某知名主持人进行专场直播带货。有商家缴纳 10 万元开播费后，当天商品成交量为 1323，但直播结束后退款数量竟达 1012，退款率高达 76.4%。该商家发朋友圈称，直播中出现大批退款单的刷单行为，导致店铺收到平台的虚假交易警告。无独有偶，某知名网红的直播中也出现大量虚假观众的情况。有机构监测发现该网红直播时真实存在的观众不到 11 万，大量观众人数、与主播亲切互动的"粉丝"等多是机器刷出来的。

哪里有流量哪里就有造假已成为互联网最受人们诟病的问题。投票数量可以刷、粉丝数量可以刷、阅读数量可以刷、浏览数量可以刷、好评数量可以刷、下载数量可以刷……这样刷出来的虚假数字是一种泡沫，不但破坏了公平的秩序，影响了互联网生态发展，更给其他行业带来恶劣的示范作用。

（4）刷榜误导用户下载 App、误导公众关注度

App Store、App 市场的榜单体现了单个 App 的用户数和关注度，刷榜通过虚假的数字影响了榜单或搜索排名，误导用户下载 App；社交媒体上的热榜体现了新闻、人物、事件、产品的关注度与曝光度，刷榜通过虚假的评论、搜索等，影响社交媒体的热榜真实排名，影响着新闻传播的真实性。

> 2019 年 9 月，据央视财经报道：许多手机 App 为了提升其在应用市场中的排名，通过制造海量的虚假好评、虚增下载量数据等手段刷榜。一条五星好评是 0.8 元，一个下载量是 2.2 元。只要付得起费用，无论 App 是否好用，是否有价值，甚至是否能用，借助刷榜，手机 App 都能够在 App 市场的下载榜单中排名靠前或在 App 市场的搜索结果中排名居前，让用户更容易看到，进而引吸引更多用户下载。

> 这种通过不合规手段将 App 提升到排行榜前列的行为，不仅让优秀的 App 被埋没，给用户带来误导，更破坏了 App 市场的平衡性和公平性，增加了用户选择难度，削弱了平台的公信力。

刷榜不仅存在于 App 软件行业，在新闻传播中也存在。热搜榜和热门话题榜，能够快速、准确反映出用户对于热点内容的关注程度和方向，逐渐成为某网络媒体显著的曝光位被高度关注。因此，有一些企业及娱乐业者为获取关注和流量，开始进行有组织的刷榜。据知情人士介绍，刷榜进热搜榜前十的售价仅为 2 万元，而且热搜榜的关键词广告位等均可购买。2020 年 6 月 10 日，国家互联网信息办公室指导北京市互联网信息办公室，约谈某网络媒体负责人，责令暂停更新该媒体的热搜榜和热门话题榜一周。监管部门给出的主要理由是，该媒体在蒋某舆论事件中干扰了正常传播秩序。

2. 刷票、刷粉、刷榜、刷阅读量的特征

当虚假数字成了一种需求，"刷"就变成了一个分工明确的生意：网上揽客接单、后台派单、"投手"投票、利润分成，十分"规范"。同刷单炒信一样，刷票、刷粉、刷阅读等一般也分为人工刷和机器刷。

"人工刷"主要是通过社群、任务平台等招募人员采用人海战术完成投票、加粉、下载、刷阅读量，这不仅需要耗费大量时间和精力，更需要投入大量资金。黑灰产发动风险攻击的目的是牟利。如果投入产出比超过收益或者与带来的收益持平，黑灰产会主动放弃攻击。

"机器刷"主要是利用软件、脚本，使用脚本程序批量一键刷票、刷粉、刷阅读量，投入成本低，显现效果快。

以 App 刷榜为例。人工刷就是通过多种方式雇佣兼职人员，利用准备

第 2 章　触目惊心——企业数字业务面临的十类欺诈行为

好的账号，按照计划和节奏对 App 进行下载、评分、评论等，由于投入成本较高且见效慢，该方式不适合大规模刷榜。另一种目前应用比较广，例如"积分墙"的方式，提供各种应用刷榜任务，要求用户在 App 市场内根据关键词搜索找到指定的 App 进行安装使用，后台软件检测到任务完成后，就向用户打奖励金。

综合来说，机器刷就是编写自动化程序软件，通过群控和其他设备控制账号，模拟人工操作，然后自动化刷榜。例如，刷阅读量的黑灰产，会根据微信公众平台阅读量机制编制软件，将网址链接填入，后台就可以自动刷阅读量，还可以设置刷阅读量的间隔，如每秒一刷。为了规避平台监测和用户的警戒，很多刷阅读量的工具可以设置阅读量增长的速度和运作时间段，例如提供慢、中、高三种阅读量的速度。通常来说，慢速半小时以内就可以完成阅读"刷量"，中速为 15 分钟以内，快速为 10 分钟以内。

机器刷主要有以下几个特征。

第一，储备大量账号。账号是进行各种刷的基础工具，来源可能是黑灰产窃取、购买的社工库，也可能是此前注册并批量维护的账号，也就是俗话说的"养号"。

第二，拥有众多设备。这些账号分别安置在不同设备上，一台设备上安装了多个账号，因此存在同一台设备存在多账号操作行为。

第三，频繁更换 IP 地址。为了规避平台的防控，模仿人工操作。黑灰产使用 VPN 软件或 IP 变化软件，在短时期高频切换 IP，以绕过平台对 IP 地址的限制。

第四，账号活动频繁。在具体操作行为上，同一账号会在一定时间段内参加大量活动，具有只为活动而生的特征。

第五，操作行为异常。为了不引发运营者注意，黑灰产经常在非正常时间段进行刷量,例如深夜时段。

2.4 欺诈4——恶意退货

为了保护消费者利益,监管部门和平台制定了多项措施。有人就利用这些保护措施的漏洞恶意退货,从而牟利。例如,利用"7天无理由退换货"的规则买真退假,利用运费险规则赚取运费险与快递费的差价等,如图2-7所示。

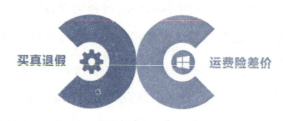

图2-7 恶意退货

1. 恶意退货的危害

2014年3月15日正式实施的新消费者权益保护法规定,除特殊商品外,网购商品在到货之日起7日内无理由退货。这本是商家与消费者之间一种保障措施,却被黑灰产所利用。

> 2015年,某电商平台发现,有消费者多次购买奢侈品后很快申请退货,退回的商品却是假货。在两年时间里,该消费者以各种理由退货36次,退回的大部分是假货。其中,最贵的一个包价值2.4万元,而退回去的假货只值300多元。还有的黑灰产会退回二手货、空包裹等,但是都成功申请到了退款。
>
> 不只退假货和空包裹,还有"退款不退货"的情况。黑灰产购买了

第 2 章 触目惊心——企业数字业务面临的十类欺诈行为

> 商家的商品后,利用商家夸大宣传或商品以次充好的问题担心被举报索赔,选择只退款不退货,进而在其他平台上将免费得来的货品卖掉。媒体报道,通过这种方式,黑灰产团伙月收入达 10 余万元。

现在很多电商平台有运费险。例如某电商平台的运费保险是按照买家赔付金额的 5% 收取,常见的保费如 0.5 元、1 元,与之对应的保额是 10 元、20 元。黑灰产收到货后直接原件退回,赚取运险费与快递费的差价。每单可赚取 5 至 6 元不等。每天不停地下单,然后不停地退货,一周可以收入超万元。

虚假退货、赚取运费差价等不仅给网店直接带来经济损失,影响了电商平台秩序,增加了商家与消费者的交易不信任感,更给社会带来巨大的物流和人力浪费。

2. 恶意退货的特征

恶意退货也具有明显的组织化特征。一般会通过两类形式招募参与者:一种是黑灰产注册、购买大批账号;另一种是通过 QQ 等社群招募人员,群内发布任务,参与者按照黑灰产提供的教程,利用自己的账号进行操作,完成后可获得不同金额的佣金。

大体而言恶意退款的流程如下。

第一,技术上,囤积大量电商平台账号,通过群控软件控制账号登录、下单、支付、评价、退货等;很多账号比较新,大多数账号信誉度一般。

第二,同一设备存在多账号操作的情况,且通过软件模仿真人的操作。

第三,通常选择销量高、价格低的小商品下单,这样基础物流价格低,退货保险的差价有利润空间。

第四,由于提前已经选中目标,因此操作上直接进入物品页下单,很少浏览搜索比对，更不与商家有任何交流。

第五，通过其他平台转售免费得到的商品，同时获得运费保险的差价。

如果有网店不退货，黑灰产就会组织账号对该网店进行“集体差评”。大量的差评会影响网店的评级下降，失去消费者的信赖，严重者会导致网店关闭。因此，面对损失大多数网店会息事宁人，选择退费了事。

2.5 欺诈 5——虚假账号

虚假账号就是黑灰产通过技术手段批量注册，并盗用他人信息激活认证的账号，如图 2-8 所示，虚假账号会被黑灰产应用于各类业务风险攻击，给企业和消费者带来财产损失，甚至带来生命健康威胁。虚假账号牟利手段很多，包括但不限于以下几种：

第一，冒充高知名度和影响力的公众人物的账号吸引粉丝，进而进行推广、推销、诈骗等。

第二，虚假账号可以成为恶意“薅羊毛”、刷单、刷粉、刷阅读量的工具。

第三，虚假账号可以用于社交平台上进行各类宣传、销售以及诈骗，例如微信上的卖茶女。

第四，虚假账号可以组成账号矩阵，承接广告业务。

第五，虚假账号“养”一段时间后进行转售从而牟利。

虚假账号

虚假账号就是黑灰产通过技术手段批量注册，并盗用他人信息激活认证的账号

图 2-8 虚假账号

第 2 章 触目惊心——企业数字业务面临的十类欺诈行为

1. 虚假账号的风险

利用虚假账号除了可以"薅羊毛"、刷单外，还可以用于入驻共享出行平台，从事网约车服务；在社交平台上进行各类宣传、产品销售以及诈骗。

> 前几年，浙江东阳警方抓获一个 46 人的犯罪团伙，追缴赃款 100 多万元。该团伙假冒他人信息注册网约车账号，然后以一条 80 到 300 元不等的价格卖给想注册网约车但不符合条件的人。不符合网约车规范的人去开网约车，不仅会给乘客带来经济损失，更可能给乘客带来生命威胁，给平台带来巨大负面品牌效应。

在一些用户量庞大的 UGC 平台上，虚假账号非常猖獗。例如微博上有很多冒充大 V 的账号，一般是名字前后有个不起眼的符号，经常在热门微博下发布广告，给粉丝发私信荐股。

还有，短视频直播平台上有一些假冒的明星账号。利用明星知名度和影响力吸引粉丝，向粉丝兜售商品、借钱、充话费、推荐产品，并把积累的粉丝吸引到其他工具上，再次进行欺诈。

> 社交平台更是虚假账号泛滥地。2018 年各地警方公布了多起微信"卖茶女"诈骗案。以北海警方公布的为例，不法分子从 2018 年 3 月至今，已先后诈骗 1900 余人，涉案金额高达 500 万元。他们统一用美女照片作为微信头像，通过添加陌生人好友，博取对方的同情和信任。待时机成熟后，再以劣质茶叶骗取好友钱财。

黑灰产还通过虚假账号冒充名人，利用知名度和影响力加好友、吸引粉丝等，进而进行推广、推销、诈骗等。

2. 虚假账号的特征及运作流程

虚假账号在不同平台上的运作略有差异。以 UGC 平台和社交平台为例，黑灰产团伙通过技术手段进行规模化操作，很多账号是在设定好了详细流程和节奏的程序控制下自动运行。

（1）虚假账号在短视频等平台上的运作流程

第一步，购买信息或账号。黑灰产从黑市购买网站、平台上的账号、身份证等信息，进行注册、篡改、认证。

第二步，批量登录账号。黑灰产利用群控软件等工具批量注册、登录、修改账号。

第三步，养号吸粉。黑灰产利用网络爬虫等工具，从媒体、微博、微信等各公开平台抓取用户的信息、照片等，并定期更新发布动态信息，吸引网友关注并成为粉丝。

第四步，牟利。黑灰产针对粉丝开展广告宣传、商品销售，并建立粉丝群进一步欺诈。

（2）虚假账号在社交平台上的运作流程

第一步，购买信息或账号。黑灰产团伙从黑市购买网站、平台上的账号、身份证等信息，进行注册、篡改、认证。

第二步，批量登录账号。利用计算机、软件、群控等工具批量注册、登录、修改账号。

第三步，批量添加好友。通过微信群、一对一、个别自媒体和网站的诱导广告等，批量添加好友、批量加群、诱导用户添加好友。

第四步，策划答复。组织内容，策划剧本，在这些虚假账号上批量发送信息；有人应答，就一对一进行诱导回复。

第 2 章 触目惊心——企业数字业务面临的十类欺诈行为

第五步，牟利。通过索取红包、博取同情、推广商品等从好友处骗取钱财牟利；只要有 1% 的人受骗也会获利不菲。

用户以为对面互动的是人，其实有可能是一个僵尸号；消费者以为对面互动的是美女，实际却可能是一个"抠脚大汉"。如图 2-9 所示，即为一个典型的虚假账号。

图 2-9　作者遭遇到的某个虚假账号

2.6　欺诈 6——恶意网络爬虫

网络爬虫，又被称为网页蜘蛛，网络机器人（如图 2-10 所示），是按照一定的规则,自动地抓取网络信息的程序或者脚本。网络爬虫不仅能够爬取视频信息,更可以爬取商品类目、图片、评论、价格、个人信息等关键数据。

网络爬虫分为两类:一类是搜索引擎爬虫,为搜索引擎从广域网下载网页,便于搜索检索;另一类是在指定目标下载信息,用于存储或其他用途。恶意爬虫是指,从公开或半公开网络平台抓取存户商品、服务、文字、图片、用户信息、评价、价格信息以及账户密码、联系方式、身份等隐私信息的网络爬虫。

1. 恶意爬虫的危害

在数字化日益普及的今天,数据成为企业的重要资产。恶意爬虫爬取、盗用、盗取的爬取行为,不仅造成企业数字资产损失,带来直接的经济损失,更消耗了平台服务资源和带宽资源,影响了企业数字业务的健康发展。这种恶意爬取不仅发生在旅游网站上,在电商、视频、航空、资讯、社交等平台上也很普遍。

图 2-10 网络爬虫示意图

第 2 章 触目惊心——企业数字业务面临的十类欺诈行为

（1）影响网站运营

恶意爬虫爬取 A 网站数据，然后盗用到 B 网站，不仅给 A 网站造成用户流失，影响 A 网站运营，更破坏了整个行业的商业生态。

> 2018 年 2 月，某知名视频弹幕网站的大量用户的视频、昵称、头像及用户评论，悉数出现在某新成立的视频网站上，这些数据是该新成立的视频网站利用恶意爬虫直接盗取而来。
>
> 2019 年 10 月，某旅游网站被曝光"数据造假"。该网站的 2100 万条真实点评中，有 1800 万条是通过网络爬虫从其他平台抄袭而来。在该网站上发现了 7454 个抄袭账号，平均每个账号从其他平台上抄袭搬运了达数千条点评，合计抄袭了 572 万条餐饮点评，1221 万条酒店点评。

（2）泄露用户隐私

恶意爬虫盗取企业数据，然后用于商业售卖或其他商业利益，不仅给企业带来重大的经济损失，更造成用户隐私数据的泄露，已经构成违法行为。

> 某网文平台花重金买断一批小说的版权，用于付费用户的阅读。小说上线连载后深受读者欢迎，大批用户主动充值续费。1 个多月后，该小说网站版权保护部门发现，网上出现了一个同名设计的山寨网站，并且也在连载当前的热门小说。通过技术分析发现，该山寨网站利用恶意爬虫，爬取了网文平台的数据和内容，还为网友提供免费阅读服务，给网文平台造成重大的经济损失。该网文平台遂报警。
>
> 2019 年 3 月，某个知名简历大数据公司所有员工都被警察带走调查，公司办公室也被查封。原因是该公司通过恶意爬虫窃取其他招聘网站上 2.2 万个自然人简历，然后将简历数据库以 13800 元每年的价格卖给有需求的企业客户。

（3）影响企业数字业务正常开展

恶意爬虫会严重影响企业数字业务的正常开展。例如，恶意爬虫通过盗用航空公司的航线、航班、票务信息，浪费航空公司查询费用，影响机票动态定价，甚至哄抢低价机票进行加价倒卖，造成航空公司票务业务无法正常开展。

> 2020年4月29日下午，北京市宣布公共卫生应急响应级别调至二级，在消息公布的1个小时内，北京出发的机票预订量较上一时段暴涨15倍，如图2-11所示。
>
> > 去哪儿网平台提供给《深网》的数据显示，消息发布的半小时内，去哪儿网机票搜索量迅速攀升，北京出发机票预订量较上一时段暴涨15倍，度假、酒店等其他旅游产品搜索量也上涨3倍。
> >
> > 消息发布后一小时内，飞猪北京进出港机票成交量比前一天同时段增长超500%，飞猪进出北京火车票成交量增400%。
>
> 图2-11 OTA（在线旅游服务）平台发布的数据
>
> 分析显示，多家航空公司B2C网站虚假搜索量猛增，热门航线航班信息搜索查询量高达90%，这背后大量的查询其实是来自恶意爬虫。

恶意爬虫非法抓取航空公司B2C网站或官方App等平台上的航班信息，浪费航空公司带宽资源，白白消耗航空查询费用。

同时，虚假的搜索查询量会导致航空公司收益管理系统算法产生误判，给出不符合实际情况的运价调整（即机票价格）。例如，原本某航班机票售价只要400元，虚假流量查询暴增10倍后，航空公司网站的订票系统会判断为购票旅客暴增，从而瞬间涨价至2000元，严重损害真实消费者权益以及平台的口碑。

最后，恶意爬虫爬取航班票务信息后，通过虚假的身份信息预订航线

第 2 章　触目惊心——企业数字业务面临的十类欺诈行为

机票。在航空公司允许的订票付款周期内，加价转售给真正需要购票的消费者。这就导致部分机票并未售出，但消费者在查询机票信息时却看到机票已售罄。这种"虚假占座"行为不仅损害消费者的合法权益，更是严重扰乱航空公司的正常运营，恶意爬虫的欺诈手段如图 2-12 所示。

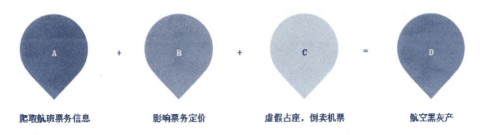

图 2-12　恶意爬虫的欺诈手段

2. 恶意爬虫攻击范围及特征

恶意爬虫的攻击范围非常广，包括从电商、视频、旅行到交通、社交、内容服务平台等多个领域。主要差别为恶意爬虫在不同行业爬取的信息不同。

- 电商：爬取商品信息、用户评价、价格等信息。
- 视频：爬取视频内容、评论、用户等信息。
- 旅行：爬取机票、火车票的航线、票务、票价信息。
- 交通：爬取公交 GPS、共享单车位置实时信息。
- 社交：爬取社交媒体的内容、信息、用户信息。
- 咨询机构：爬取机构的报告、调研分析信息。
- 政府与公共服务：爬取政府文件、企业信息、信用信息、医药信息。
- 内容资讯：爬取招聘平台的简历、房产信息和价格、旅游网站信息与评价、网文平台的小说、媒体的文章。

恶意爬虫的机器操作行为主要有以下几个特征。

第一，访问的目标网页比较集中：爬虫主要是爬取核心信息，因此只浏览访问几个固定页面，不访问其他页面。

第二，行为很有规律：由于爬虫是程序化的操作，按照预先设定的流程进行访问，因此呈现出有规律、有节奏且持续的行为特征。

第三，同一设备上有规模化的访问和操作：爬虫的目的是最短时间内抓取最多信息，因此同一设备上会有大量离散的行为，包括访问、浏览、查询等。

第四，访问来源IP地址异常：爬虫的IP来源地址呈现不同维度上的聚集，而且浏览、查询、购票等操作时不停变换IP地址。

第五，设置UA（User Agent，用户代理）模拟浏览器和频繁使用代理IP：很多爬虫程序伪装成浏览器进行访问，例如在程序头或者UA中默认含有类似python-requests/2.18.4等固定字符串；并且通过购买或者租用的云服务、改造路由器、租用IP代理、频繁变更代理IP等进行访问。

第六，操作多集中在非业务时间段：爬虫程序运行时间多集中在无人值守阶段。此时系统监控会放松，而且平台的带宽等资源占用少，爬虫密集地批量爬取信息不会对带宽、接口造成影响。

2.7 欺诈7——团伙骗贷

团伙骗贷（如图2-13所示）是指有预谋的一人或多个人，有组织、有计划地虚构生产经营项目、交易、大额商品、抵押物，伪造各类资料，向金融机构申请经营贷款、消费贷款、抵押贷款，给金融机构直接带来资金损失。随着数字化的普及，线上信贷由于脱离客户经理面对面审核，对于团伙骗贷最难以防范，很容易"中招"。

第 2 章 触目惊心——企业数字业务面临的十类欺诈行为

图 2-13 团伙骗贷（图片来自网络）

汽车消费信贷是指对申请购买汽车的借款人发放的人民币担保贷款，或是以车供车贷款、住房抵押汽车消费贷款、有价证券质押汽车消费贷款。有不法团伙利用虚假材料骗取金融机构的汽车消费贷款。

> 2018 年 1 月，南京鼓楼公安分局宝塔桥派出所接到银行工作人员报警，称王某在银行办理了购车信用贷款，但一直处于断供状态，且王某的工作证明经系伪造。警方调查发现，这是一个专门骗取银行贷款的诈骗团伙。该团伙中，胡某等人主要负责给贷款人"洗脑"，让其同意向银行骗取车贷；李某某负责伪造贷款材料，指导贷款人如何申请贷款；张某负责联系买家，快速将新车倒卖套现，共同构建起一条完整的"购车骗贷"犯罪链。

不仅有外部人员团伙骗贷，更有与金融机构内部人员勾结，虚假评估，帮助借款人虚构贸易进行的骗贷。

> 2015 年 9 月，温州鹿城公安分局经侦大队披露，经过为期 4 个多月的侦办，警方破获特大系列骗贷案。在该团伙欺诈案件中，犯罪嫌疑人通过勾结银行员工，招揽不符合贷款条件的贷款人、担保人，并伪造各类证明文件，骗贷 4000 余万元。全案涉嫌犯罪嫌疑人达上百人之多。

除了多人集体骗贷，还有熟悉金融机构业务流程的中介机构，通过伪造或包装的证件信息、银行流水、通讯记录、交易记录等，帮助不符合标准的群体申请信贷产品，骗取金融机构资金。

> 2012年5月，上海长宁分局虹桥路派出所民警发现开设在荣华东道上的一家投资管理公司，看上去人员整齐，管理规范，实际上却使用伪造的公章开具假的公文材料，帮助客户从银行骗得贷款。在该公司业务员的办公桌、办公柜里存放有大量假公章、假证件。该团伙提供"一条龙"办理贷款代理业务，通过计算机打印制作假公文，并加盖假的国家机关公章、单位印章等，为客户伪造相关文书材料以向银行办理贷款业务。公司办理一整套贷款手续要收取600元的手续费及房产交易额千分之一的评估费。

除此外，资金异常归集也是一种变相的团伙欺诈形式。主要现象是贷款中介、私款公用、亲友间拆借通过伪造用途的消费贷款、个人贷款等全部或部分转入另一个指定账户，然后将借贷的资金用于投资或其他行为，一旦资金链断裂，就会产生大面积的逾期甚至违约，会给金融机构造成资金损失，甚至引发系统性风险。

2.8 欺诈8——信用卡套现

信用卡套现是指信用卡的持有人利用不法商户或刷卡设备制造虚假刷卡消费交易，以少量的手续费把信用额度全部转化为个人的现金。套现的方式有"他人消费刷自己的卡"，与商家或某些"贷款公司""中介公司"合作套现，或者是利用一些网站或公司的服务等套现。

信用卡的每笔刷卡消费直接反馈刷卡场所、消费内容等具体信息，便

第 2 章 触目惊心——企业数字业务面临的十类欺诈行为

于发卡行及时掌握信用卡的资金用途和潜在风险，利于监管部门宏观决策。而养卡、套现等欺诈行为，无法把握资金流向，无法洞悉用户的借贷用途，发卡行要承担的信贷风险也相对较大，并且是违反监管要求的。

> 2017 年 12 月，北京丰台公安分局经侦大队打掉一个特大信用卡诈骗团伙，11 名犯罪嫌疑人被抓获，涉案金额达 1000 余万元。该犯罪团伙开办了一个所谓的投资公司，先后承租了 4 处办公场所，并招募了 9 名员工。
>
> 该团伙通过网络非法获取到身份信息后，按照身份信息上的年龄、照片信息，将之分发给年龄、长相相似的员工，并指使这些员工编造学历、单位等信息，向各家银行提交申请，骗领信用卡。等信用卡一申领成功，团伙就马上利用 POS 机进行贷款套现。到被抓获前，这个团伙以假冒的几百个不同身份、上百个手机号码，从多家银行骗领到 700 余张信用卡。每张信用卡背面都贴上了标签，上面写着号码，对应申领银行，冒充人员的姓名等信息，以防银行来电核对。
>
> 2020 年 6 月，河南中牟县警方端掉 7 处 POS 机恶意刷卡套现、非法支付结算等经营窝点，抓获 8 名涉案人员，查获 POS 机 157 台，银行卡 1200 余张和大量信用卡账单、POS 机账单。该团伙通过张贴小广告、发送短信、微信群内发布广告等方式向社会宣传信用卡代还、套现等业务。然后为他人进行刷卡套现、非法支付、结算等违法犯罪活动，收取高额手续费，牟取不正当利益，涉案流水资金高达 3000 余万元。

根据央行《2020 年支付业体系运行总体情况》显示，截至 2020 年末，信用卡和借贷合一卡在用发卡数量共计 7.78 亿张，全国人均持有信用卡和借贷合一卡 0.56 张。截止到 2020 年末，信用卡逾期半年未偿信贷总额 838.64 亿元，占信用卡应偿信贷余额的 1.06%。

信用卡套现不仅给银行带来资金损失,给持卡人带来潜在信用风险,更给金融秩序带来不稳定因素。

套现给发卡银行带来资金损失。绝大多数的信用卡都是无担保的借贷工具,只要持卡人进行消费,银行就必须承担一份还款风险。在通常情况下,银行通过高额的透支利息或取现费用来防范透支风险。可是,信用卡套现的行为恰恰规避了银行所设定的高额取现费用,越过了银行的防范门槛。特别是一些贷款中介帮助持卡人伪造身份材料,不断提升信用卡额度,这使得银行的正常业务受到严重干扰,也给银行带来了巨大的风险隐患。由于大量的套现资金,持卡人无异于获得了一笔笔无息、无担保的个人贷款。而发卡银行又无法获悉这些资金用途,难以进行有效的鉴别与跟踪,信用卡的信用风险形态实际上已经演变为投资或投机的信用风险。一旦持卡人无法偿还套现金额,银行损失的不仅仅是贷款利息,还可能是一大笔的资产。

信用卡套现行为给持卡人带来极大的信用风险。表面上,持卡人通过套现获得了现金,减少了利息支出,但实质上,持卡人终究是需要还款的,如果持卡人不能按时还款,就必须负担比透支利息还要高的逾期还款利息,而且可能造成不良的信用记录,以后再向银行借贷资金就会非常困难,甚至还要承担个人信用缺失的法律风险。

套现增加了金融秩序中的不稳定因素。我国对于金融机构有严格的准入制度,对金融机构资金的流入流出都有一系列严格的规定予以监控。不法分子联合商户通过虚拟 POS 机刷卡消费等不真实交易,变相从事信用卡取现业务等行为却游离在法律的框架之外,违反了国家关于金融业务特许经营的法律规定,背离了人民银行对现金管理的有关规定,还可能为"洗钱"等不法行为提供便利条件,这无疑给我国整体金融秩序埋下了不稳定

第 2 章 触目惊心——企业数字业务面临的十类欺诈行为

因素。另外,大量不良贷款的形成也将破坏社会的诚信环境,阻碍信用卡行业的健康发展。

2.9 欺诈 9——洗钱

洗钱是一种将非法所得合法化的行为(如图 2-14 所示),主要指将违法所得及其产生的收益,通过各种手段掩饰、隐瞒其来源和性质,使其在形式上合法化。洗钱的目的不仅包含将贩毒、走私、诈骗、贪污、贿赂、逃税非法收益通过各种手段使其合法化,也包含将合法资金通过多种方式转移,达到个人占有、逃避监管、转移到境外等。

图 2-14 洗钱(图片来自网络)

洗钱损害金融管理秩序,破坏公平竞争规则和市场经济主体之间的自由竞争,给正常、稳定的经济秩序带来负面影响,给国家安全和人民权益造成了威胁和损害。反洗钱是金融机构的公共社会职责,这项职责对于实现社会公平、打击犯罪、维护金融秩序有着非常重要的意义。

2020 年 2 月 17 日,中国人民银行宁波市中心支行发布新罚单,工商银行宁波市分行因未按照规定履行客户身份识别义务、未按照规定保

> 存客户身份资料和交易记录、未按照规定报送大额交易报告和可疑交易报告，对其共处罚款285万元，对4名相关责任人共处罚款12万元。
>
> 2月14日，民生银行因未按规定履行客户身份识别义务、未按规定保存客户身份资料和交易记录、未按规定报送大额交易报告和可疑交易报告、与身份不明的客户进行交易被央行罚款2360万元。并且央行对时任民生银行运营管理部总经理助理、副总经理、时任民生银行运营管理部总经理助理、时任民生银行内控合规部总经理等12人罚款1万到8万元不等。
>
> 光大银行也同样因以上四项违规被央行罚款1820万元，并且央行也对时任光大银行法律合规部副总经理、时任光大银行法律合规部反洗钱处处长、时任光大银行信用卡中心副总经理等8人罚款1万到3.5万元不等。

《2019年人民银行反洗钱监督管理工作总体情况》显示，2019年人民银行全系统共开展了658项反洗钱专项执法检查和1086项含反洗钱内容的综合执法检查，处罚违规机构525家，罚款2.02亿元，处罚个人838人，罚款1341万元，罚款合计2.15亿元，同比增长13.7%。

随着科技的发展，洗钱的手段也越来越多样化，艺术品或古董买卖、海外投资、赌博、地下钱庄、证券交易、影视投资、寿险交易等都有可能成为非法分子洗钱的工具，这给反洗钱工作带来新的挑战。

第一，洗钱团伙利用各种技术手段和购买的身份信息，通过包装身份、开具虚假账号，不利于金融机构辨别其身份和交易行为。

第二，金融机构业务互联网化、网络金融的快速发展，便捷的渠道和方式让洗钱的手段变化多端，增加了审查和监控的复杂性。

第三，洗钱的手段愈加隐蔽，需要从账号源头上挖掘出内在的关联性，并勾勒出洗钱团伙的关系图谱，通过有针对性的监测从而更有效地发现洗钱行为。

第 2 章　触目惊心——企业数字业务面临的十类欺诈行为

2.10　欺诈 10——山寨 App

　　App 是企业的数字业务服务平台。山寨 App 是指通过盗用制作企业数字业务信息、名称、图标等，诱导用户下载，却并不提供正常的服务，反而窃取用户通讯录、照片等相关隐私和资金等信息，给用户带来隐私信息泄露的风险与经济损失。山寨 App 覆盖金融、电商、出行、教育、导航、社交等各个行业，背后有一套分工明确的产业链。

　　除了山寨 App 外，黑灰产还会对企业 App 进行重打包。所谓 App 重打包，就是对 App 源代码进行反编译，篡改相关参数并植入恶意代码，然后重装打包并发布 App，进而窃取用户隐私、恶意推广、骗取钱财。

　　下面重点介绍山寨 App，该类欺诈具有以下四个危害。

- **窃取隐私**：用户在山寨 App 提交的账号密码等会被窃为他用，山寨 App 还可能会自动读取并复制手机通讯录、相册、位置信息、聊天信息等隐私信息。

- **盗取资金**：用户登录山寨 App 后，黑灰产收集到账号信息后，立即登录正规 App 平台，将账号内资金、积分、余额转走盗用，直接给用户带来财产损失。

- **恶意推广**：山寨 App 会通过弹窗、诱导下载等各种方式，推荐用户下载其他 App 或山寨 App，或者为违法 App 导流。

- **欺诈收费**：山寨 App 会向用户收取各种手续费、会员费、服务费、保证金、工本费等。甚至部分 App 内置木马病毒，自动发布短信、链接等信息。

(1) 山寨 App 损害企业品牌

2020 年 6 月 23 日，我国在西昌卫星发射中心用长征三号乙运载火箭将最后一颗北斗三号组网卫星成功送入预定轨道，北斗全球组网成功，将可为全球用户提供基本导航、全球短报文通信、国际搜救等服务。与此同时，很多 App 市场却出现了带有"北斗"字样的导航、地图等山寨 App 产品，这些 App 不但功能缺乏，设计粗糙，而且还要求用户付费。受骗上当的用户在网上吐槽"北斗"导航不仅收费服务质量还差，严重损害了北斗导航的品牌形象。

2019 年 11 月，沈阳的一名姓张的网友下载了一款名为"淘宝天猫优惠券"的 App，该页面设计与淘宝风格一致，宣传语上写着"一家专门提供内部优惠券的购物 App"。网友在该 App 下单并付款，结果下单 10 天内显示"已揽件"，15 天后显示商品"已下架"，在迟迟收不到商品后，该网友选择维权投诉，却被品牌商家告知根本没有此笔订单。之后，该网友开始接到大量推销骚扰电话，不胜其扰。

阿里巴巴的借呗和花呗也遭遇了山寨 App。在某 App 市场出现一款名为"蚂蚁贷款借呗"的 App，下载后发现该应用实际上是一个贷款超市，为多家网贷 App 和违规贷款平台导流。

国家互联网金融风险分析技术平台发布的监测数据显示，截至 2020 年 2 月底，发现互联网金融山寨 App 2801 个，下载量 3343.7 万次。这些山寨 App 不仅给用户带来隐私和资产损失，更让正规 App 遭受不白之冤，品牌受到伤害，更给企业数字业务的开展带来巨大负面影响。

(2) 山寨 App 运作流程

1) 选择目标。山寨 App 一般选择知名度高、使用流量高的 App 来进

第 2 章 触目惊心——企业数字业务面临的十类欺诈行为

行山寨。

2）制作山寨 App。黑灰产通过恶意爬虫爬取正版 App 的数据，用于山寨 App 的内容制作；或者直接通过电商平台购买山寨 App 模板改造。山寨 App 的图标、首页、名称等与正版 App 很相像，以混淆用户视线。

3）购买云服务器运行山寨 App。山寨 App 的服务器一般在海外，以规避监管部门审核。

4）应用市场上架山寨 App。黑灰产将山寨 App 入驻第三方 App 市场。大多数 App 市场只是对 App 进行安全和兼容性测试，以及应用合规审核（检查应用中是否有黄赌毒等违禁内容和服务），对于 App 是否存在模仿疏于甄别。

5）推广山寨 App。黑灰产通过刷榜、刷评论等方式在应用市场内推广山寨 App，抢占下载排行榜，"擦边"正版 App，通过短信、社群、社区、网盘等方式诱导用户下载。

本章小结

本章详细介绍了企业数字业务面临的十大安全欺诈的类型、危害及特征、影响范围等，下一章将重点分析制造业务安全风险的黑灰产产业链。

第 3 章
追根溯源——揭底黑灰产业链

前一章介绍的十种触目惊心的数字业务欺诈行为是导致企业数字业务面临安全风险的直接原因。这些欺诈行为都呈现出职业化、团伙化的特征，背后存在一个信息倒卖、工具制作、实施攻击、商品转售的完整产业链条，也就是所谓的"黑灰产业链"，简称"黑灰产"。据权威部门的一项统计显示，目前网络黑灰产从业人员近 150 万之众，每年给各类企业造成的损失达千亿元。本章将揭底为企业数字化业务安全带来巨大风险的黑灰产业链。

3.1 什么是黑灰产业链

黑灰产业链是利用计算机、网络等技术手段，以非法牟利为目的，基于各类企业业务安全漏洞，发起攻击或欺诈的，规模化、分工明确的群体组织。黑灰产业链上的每一环节都有不同的牟利方式，形成了一个流水线作业的体系。

第3章 追根溯源——揭底黑灰产业链

如图 3-1 所示，互联网黑灰产业链由不同群体和个体组成，分为上游、中游、下游。其中上游是工具组，提供各类破解工具、打码平台、伪造工具、代理工具；中游是信息组，提供社工库、虚假账号注册、盗号、洗号、信息盗取、数据爬虫等技术支持；下游是变现组，对数字类业务实施骗贷、欺诈、刷单、刷粉、恶意"薅羊毛"等风险攻击。

如图 3-2 所示，金融黑灰产业链的信息组主要提供身份证、账号、手机号、卡号等信息以及各类伪造资料；技术组主要提供恶意爬虫、接码平台、POS 机程序、逆向破解等各类技术和应用工具；营销组包含商户、信贷员、办卡机构、信用卡业务员等，主要招募参与者；合规组多是团伙内熟悉金融业务的人员，甚至包括企业内部人员，包含贷中团队、催收团队、初审团队和数据库运维人员等，以绕过或骗过审核、促成放款。

黑灰产业链有以下三个特性。

- **以牟利为目的**：黑灰产一定是以牟利为目的，对于业务的攻击与获利的投入产出比要求较高。当攻击成本与收益持平，甚至高于收益时，则不会发动攻击，反之则会发动。
- **熟悉企业数字业务流程**：黑灰产非常熟悉要对其发动攻击的企业的数字业务流程以及防护逻辑，熟悉企业数字业务存在的漏洞，从而发现牟利路径，然后设计攻击手段。
- **熟练应用各类技术工具**：黑灰产能够熟练应用大数据、云计算、人工智能、移动互联网等技术，开发出了验证码自动识别、群控、模拟器等工具。在新技术的应用上，黑灰产比大多数企业要早。

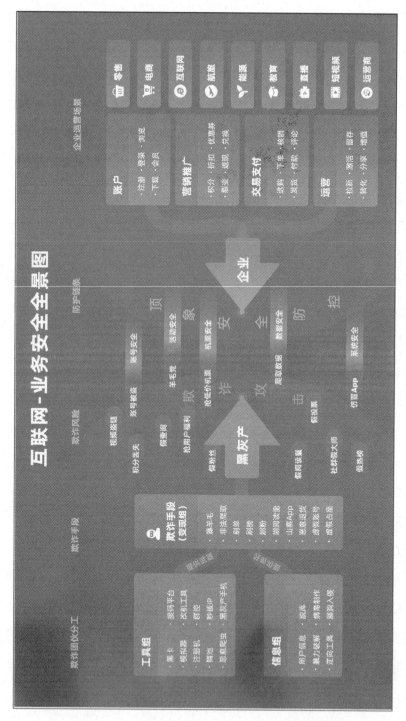

图 3-1 互联网—业务安全全景图

第 3 章 追根溯源——揭底黑灰产业链

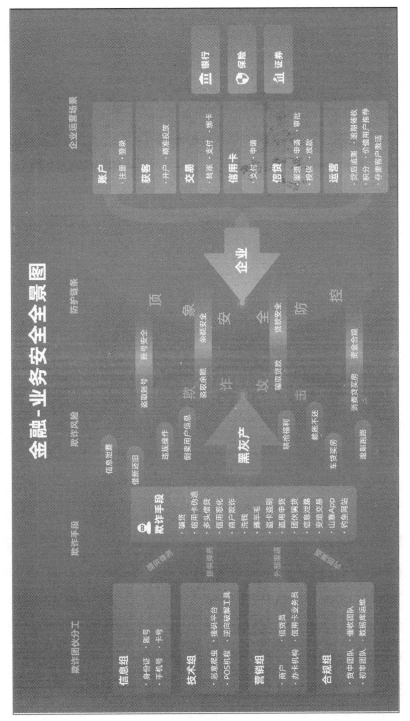

图 3-2 金融—业务安全全景图

3.2 黑灰产业链的构成

3.2.1 黑灰产业链的组织形式

如上一节介绍，黑灰产业链分为不同组成部分，各组成部分分工明确，每个环节提供的服务各不相同。以下内容会详细介绍互联网黑灰产业链及金融黑灰产业链各个组成部分的相关技术术语。

1. 互联网黑灰产业链

（1）工具组

工具组位于上游，为黑灰产提供各类破解工具、打码平台、伪造工具、代理工具，主要以技术提供商、供需平台服务商的身份出现。

- 接码平台：也可称之为验证码平台。任何人都可以通过该类平台选择手机号码用于短信验证码的接收服务。其中，上游的手机号码由卡商提供，而接码平台只是提供供需服务。
- 卡商：拥有大量手机 SIM 卡的个人或机构，通过猫池等工具，为接码平台、公司或项目提供短信收发、呼叫等服务，可以自动地同时向几百、几千个用户发送短信或语音呼叫。
- 黑卡：黑卡就是黑灰产使用的手机号码，主要是非实名认证的手机号码。一类是非实名认证的手机号，其中虚拟运营商的手机号码最多；另一类是冒用他人身份信息认证的手机号码；还有一类是物联网卡（三大运营商为物联网提供的移动通信接入业务，仅能用于上网、发短信等）。
- 模拟器：一种可以模拟人的行为操作的软件，采用多开方式手动操作或是结合模拟点击,在真实网络及设备环境下模拟人类操作,进行虚假账号注册登录、刷单刷榜刷粉、交易下单。模拟器很容易被检测出来,目前使用得越来越少。

- 改机工具:通过软件修改账号的属性(包含手机型号、串码、IMEI、GPS 定位、MAC 地址、无线名称等设备与环境信息),并伪造设备指纹,欺骗基于设备维度的检测,以绕过业务安全体系的防控。一般来说,改机工具 2、3 分钟就能完成 1000 个账号的属性修改。
- 注册机:批量进行自动化账号注册的软件。注册机多采用易语言(一种以中文作为程序代码的编程语言)进行开发,其注册原理有两种:一种是真实加载注册页面模拟用户操作的注册;另一种是通过破解注册接口协议,直接调用参数接口实现注册。
- 群控:用一台计算机控制几十、几百部手机,实现手机、App 同时同步操作,就好像有一群人同时在线注册、登录、抢购、下单、刷榜、薅羊毛。
- 猫池:一种可以插入多张手机 SIM 卡的设备,可以同时批量进行号码呼叫。猫池支持短信集群收发,是黑灰产很常用的一种设备。
- 秒拨 IP:可以自动调用全国甚至国外的动态 IP 地址,具有自动切换、断线重拨、自动清理浏览器的 Cookies 缓存、虚拟网卡信息等功能,以规避 IP 限制。
- 网络爬虫:一种软件工具,可以从公开或半公开网络平台爬取包括文字、图片信息在内的商品、服务、评价、价格等信息,以及账户密码、联系方式、用户身份等隐私信息。
- 二手手机:黑灰产使用的手机主要为二手机,还有一部分是性价比较高的新手机,用于下载 App、进行账号操作,一般购买几百甚至几千部。这些二手手机有单独的机架，分别接入网络，通过计算机、群控软件等操控。

（2）信息组

信息组居于中游，提供社工库、虚假账号注册、盗号、洗号、信息盗取、数据爬虫等技术和工具，也能够发动业务欺诈。

- 社工库：黑灰产将用户泄漏的隐私信息（包含姓名、电话、邮箱、账号、密码等）集中整理、归档到数据库，是黑灰产进行业务欺诈的基础资料。这些隐私信息主要来自于不同渠道，有通过"脱库撞库"获得的数据，也有来自其他渠道收集、购买来的数据。
- 脱库：就是指黑客入侵网站或网络平台，将网站或平台上的用户资料数据库全部盗走拖走的行为。
- 撞库：黑灰产根据已拿到的 A 平台的账户、密码，尝试登录 B 平台。因为大部分人在不同平台上使用了同样的账户和密码，通过该方式可以获得用户在其他平台上的账户、密码信息，补全用户更多信息后，便可进行后续操作。
- 洗库：黑灰产通过技术手段将有价值的用户数据归纳分析，然后通过多种方式和渠道售卖变现。

（3）变现组

变现组位于下游，主要任务是对企业数字业务实施骗贷、刷单、刷粉、恶意"薅羊毛"等欺诈，是主要的业务欺诈攻击组。

- 刷票：通常是指在网上投票参选中，参赛者利用某种方法突破投票网站的限制，实现重复投票、增加点击率，从而提升人气及排名，是一种网络造假行为。
- 刷粉：为公众号、微博、短视频账号等批量增加粉丝、批量增加关注，短时间内增加粉丝数量。这些增加的粉丝俗称"僵尸粉"。
- **刷阅读量**：通过各类手段增加目标文章、短视频的浏览数量。
- **刷单炒信**：店家付款请人假扮顾客，用虚假的销量和好评数提高网店的排名以吸引顾客，或是"刷手"帮指定的网店卖家购买商品以提高销量和信用度，并填写虚假好评。
- **薅羊毛**：利用企业的业务漏洞，借助技术手段，批量抢夺原本属于消费者的优惠和福利，并给平台或主办方带来经济损失。
- **虚假账号**：通过技术手段批量注册并盗用他人信息激活认证的账号。虚假账号会被黑灰产应用于各类业务欺诈，给企业和消费者带来财产损失，甚至带来生命健康威胁。
- **山寨 App**：通过盗用企业数字业务信息、名称、图标等制作成的 App，这种山寨 App 诱导用户下载，却并不提供正常的服务，反而窃取注册用户的通讯录、照片等相关隐私和资金等信息，给用户带来隐私与经济损失。

2．金融黑灰产业链

（1）信息组

为欺诈分子提供各类伪造资料，如身份证号、账号、手机号、银行卡号等信息。

（2）技术组

为欺诈分子提供各类工具，主要提供恶意爬虫、接码平台、POS 机程序、逆向破解工具。

（3）营销组

包含商户、信贷员、办卡机构、信用卡业务员，为欺诈分子招募客户。

(4) 合规组

包含贷中团队、催收团队、初审团队和数据库运维人员，帮助欺诈分子绕过或骗过审核、放款等。

(5) 欺诈组

- **团伙骗贷**：有预谋的一人或多个人，有组织、有计划地虚构生产经营项目、交易、大额商品、抵押物，伪造各类资料，向金融机构申请经营贷款、消费贷款或抵押贷款，给金融机构直接带来资金损失。
- **洗钱**：将违法所得及其产生的收益，通过各种手段掩饰、隐瞒其来源和性质，使其在形式上合法化。
- **信用卡伪造**：模仿真实信用卡的质地、模式、图样以及磁条密码等制造出来的信用卡。欺诈组利用伪造的信用卡。购买商品、支取现金，用伪造的信用卡接受各种服务。
- **多头借贷**：单个借款人向两家或者两家以上的金融机构提出借贷需求。由于单个用户的偿还能力是有限的，向多方借贷必然隐含着较高的风险。
- **变造交易**：变造交易就是伪造、改造相关工具或资料进行交易。例如，POS等终端设备违反一机一商户的管理规定，能够根据需求自动选择行业、变换商户名称、受理地区等信息（即：一机多商户）进行虚假的商户交易。
- **账户盗用**：用户的注册、登录、修改密码等信息被盗用，资金、账号被控制等。
- **骗贷**：对通过各种不法手段获取的公民个人信息进行针对性包装，使其符合金融机构借贷或信用卡审批政策，骗取银行的贷款资金。
- **养卡套现**：利用不法商户或刷卡设备制造虚假刷卡消费交易，以少量的手续费把信用额度提升后全部进行提现。
- **异常资金归集**：多人或集体申请了数额不等的消费贷款或个人信用贷款，然后将资金进行他用。一旦产生逾期甚至违约将会给金融机构造成资金损失，甚至引发系统性风险。
- **洗钱**：欺诈团伙通过多种手段隐藏其非法行为，绕过金融机构管理措施转移财产，从而导致金融机构违反监管政策、损失资金，并遭到主管部门处罚。

3.2.2 黑灰产业链的运作流程

如同企业对客户的管理要分组，营销推广上需要分层一样，黑灰产对于账号的管理也是分门别类的。黑灰产账号分为两类：一类是普通号；另一类是权重号。普通号，主要是注册机批量注册生成的账号，用于刷粉、刷阅读量时使用；权重号，在进行薅羊毛、刷单等欺诈时使用，需要重点养护。

黑灰产每个账号在注册时会被赋予唯一的属性，这个属性不仅包含名称、认证信息、手机号等，还包含设备属性、IP 地址、GPS 地址等，以便应用于不同任务（不同的业务欺诈或不同的业务平台）的操作，并且每执行一次欺诈，就通过改机工具对账号的属性进行一次改动。

每年的"6·18""双 11"等网购节，以及类似的大型促销日，商家和平台会投入大笔营销活动费用，促销多、特价多、福利多。黑灰产会在这类大型节日期间启用一些新的欺诈手段和新的攻击手法，也会启用一些新的黑产工具或技术，疯狂牟利。数据显示，电商企业 70%~80% 的营销费用会被黑灰产吞噬。

以羊毛党"薅羊毛"为例，黑灰产业链各环节的运作流程如图 3-3 所示。

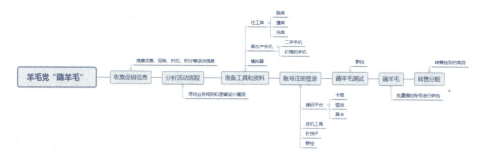

图 3-3 羊毛党"薅羊毛"的运作流程

第一,"羊毛党"于各电商平台、社群社区搜集优惠、促销、折扣、积分等活动信息,并进行汇总和梳理。

第二,"羊毛党"分析活动流程,寻找业务规则和逻辑设计漏洞,测试"薅羊毛"流程。

第三,购买社工库及其他各类工具,为"薅羊毛"准备各类工具和资料。

第四,利用社工库进行账号注册。账号注册通过接码平台、卡商、猫池等进行。

第五,利用模拟器、改机工具、IP 转换工具、群控软件,对新注册的账号进行登录操作,进行"薅羊毛"的实战测试。

第六,网购节开启之后,羊毛党操控批量账号对目标商品进行哄抢。

第七,羊毛党将抢到的商品、优惠券等通过社群、电商平台转售出去,某电商平台上销售的各类优惠券如图 3-4 所示(某电商平台 2020 年 7 月 10 日的截图)。

图 3-4 电商平台上销售的各类优惠券

近年来典型的"薅羊毛"事件列举如下。

2019年1月,黑灰产党利用某电商平台"无门槛100元券"存在的bug"薅羊毛",导致该电商平台蒙受资金损失。

2019年,某出行公司有这样一条规定,注册的优质司机可以申请成为"彩虹司机",如果乘客下车后没有及时付款,平台会在第一时间垫付车费。黑灰产通过改机软件修改地理位置,然后制作虚拟乘客订单,再以每个50元至60元的价格出售,使"彩虹司机"们能够在没有实际乘客的情况下接到订单。软件还会模拟订单"到达目的地",于是平台会依照机制先行垫付,车主们就能从中捞一笔。

2019年,某视频网站面向用户发放福利,免费赠送一年VIP年卡。该链接被分享到社交网站后,大量羊毛党涌入该视频网站领取会员,导致网站崩溃。

2019年,某水果网店因为操作失误,将"26元4500克水果"设置成了"26元4500斤"。某博主发现后,带领粉丝涌入网店疯狂下单,导致店铺相关商品产生了高达700万元的订单金额。之后,被"薅羊毛"的店铺发出公告,声称因为此次操作失误,店铺已无力承担,即将倒闭。

2019年,某商超启动了从"520"到"628"的超长促销期,每天设计了十几场大额礼券发放活动,可经常1万张券上线几秒钟就被"羊毛党"抢光,广大顾客根本没有机会获取优惠福利。

2018年,某快消品企业准备了2亿元现金红包回馈消费者,希望刺激消费者参与互动,但从"再来一瓶"到"扫码领红包",大部分红包被"羊毛党"抢走,甚至红包的领取地址链接也被出售。

3.3 黑灰产业链的运作手法

本节内容主要说明黑灰产对于各种技术工具的使用情况,供广大读者了解黑灰产的运作手法，以帮助企业或个人更好地应对业务风险。

3.3.1 黑灰产账号的个人信息来自哪里

个人敏感信息包含姓名、电话、邮箱、账号、密码等。黑灰产账号的个人注册信息大都来自社工库，社工库里的个人敏感信息由黑灰产窃取、收集、撞库后整理、汇总而来，是黑灰产进行业务欺诈的重要资料。黑灰产是如何拿到个人敏感信息的呢？知道个人敏感（隐私）信息泄露途径才能更好地进行防范。本节将详细说明这些敏感信息是如何被动泄露、主动泄露到黑灰产手中的，以及相应的防范信息泄露的基本措施。

1. 敏感信息被动泄露

所谓敏感信息被动泄露是指个人敏感信息存储在三方平台上，第三方平台存在安全隐患被黑灰产入侵，导致信息泄露。

拥有大量用户的网站或 App 存在漏洞，被黑灰产的信息组发现并发动攻击，那么就可能导致用户信息泄露。尤其快递、酒店、客服等服务领域，很容易成为用户信息泄露的渠道。

> 2020 年 4 月份左右，某知名的会议直播软件被爆出存在安全漏洞。利用该漏洞，黑客窃取了大量该会议直播软件用户的隐私信息数据。在 Dark Web 和黑客论坛上出现了超过 50 万个该会议直播软件账户可供出售，1 元可以买 7000 个。
>
> 2020 年 4 月 1 日，某国际酒店集团首次披露当年 2 月底检测到的个人隐私数据泄露事件，近 520 万房客个人信息被泄露，数据涉及个人姓名、地址、电话号码以及会员账户信息、伙伴关系与从属关系信息、客户偏好等。这也是该行业继 2018 年 11 月另一酒店集团 5 亿条用户泄露事件后发生的又一起重大个人隐私数据泄露事件。该国际酒店集团表

示，这次被入侵可以追溯到 2020 年 1 月中旬，最终在 2 月底发现，某特许经营店的两名雇员的登录凭证被盗用，导致此次事件发生。

部分公共机构或企业的内部人员缺乏责任意识、安全意识，或者因为利益或其他原因，主动或无意地泄露用户数据。有很多泄密的渠道是难以预料的。

2017 年 6 月，常州市公安机关发现有人在网上大肆贩卖户籍、车辆、贷款等公民信息，经侦查，发现了一个通过网络平台，贩卖交换个人征信、车辆信息、住宿登记、家庭住址等多种类信息的网络犯罪团伙。36 岁的代某是湖北省丹江口市公安局交通警察大队车管所辅警，主要的工作是负责查验车牌号交强险信息及核发车辆检验标志，此人利用工作上的便利，登录公安交通管理综合应用平台和全国公安交通管理信息综合查询系统，擅自查询车主个人信息。之后，代某将查到的信息用手机拍下，卖给张某。从 2017 年 4 月到 7 月的这段时间里，代某非法获利 36534 元。

黑灰产搭建的钓鱼网站、山寨 App、伪基站等，通过诱导网友登录下载直接盗取个人敏感信息。

2018 年的"双十一"前后，媒体统计发现仿冒淘宝、拼多多、天猫、京东、美团、唯品会、闲鱼等购物平台的"山寨 App"接近 4000 个，这些山寨 App 不仅花式骗钱，更盗取用户个人隐私信息。

公共 Wi-Fi 容易泄露信息已被央视多次点名。如果公司的无线网络密码简单且没有做任何防御措施，不仅容易成为信息泄露的重要渠道，网内的计算机设备更会遭受木马病毒的袭击。

> 2016年的"3·15"晚会上,安全工程师现场演示了如何通过公共 Wi-Fi 获取用户手机的操作系统以及 App 信息,以及用户手机中存储的邮箱、密码等隐私信息。

2. "主动泄露"敏感信息

所谓主动泄露敏感信息,就是个人缺乏安全意识,主动或无意地将敏感信息泄露了出来。导致敏感信息主动泄露的途径主要包括以下几种。

- 社交网络上的分享。很多人喜欢在社交网络上晒自己或家人的照片,机票、酒店、护照、手机号、邮箱、住址等重要信息经常不经意间就暴露了,这就给黑灰产收集个人敏感信息提供了便利。

- 路边调查或促销。人们经常会碰到商家邀请参加"调查问卷表"、购物抽奖活动、申请免费邮寄会员卡等活动,为了吸引人们参与,商家会提供几元到十几元的礼品,但要求填写详细联系方式、家庭住址、姓名,甚至身份信息等,这在无形中就泄露了个人敏感信息。

- 各类任务平台。曾经在某个任务平台看到一个"晒蚂蚁积分领 30 元"的任务。要求参与者提供蚂蚁积分截图、账号、关联邮箱、手机号、个人大头照(正面、侧面等)等信息,然后可获得 30 元奖励,下面应征任务者多达百人。这就直接主动地泄露了个人敏感信息。

- 快递包装上的物流单。快递单上含有网购者的姓名、电话、住址等信息,火车票上、在刷卡购物的纸质对账单上,记录了持卡人的姓名、银行卡号、消费记录等信息。以上物品随意丢弃会造成个人敏感信息的泄露。

3. 个人敏感信息的保护措施

个人敏感信息泄露虽不能完全杜绝,但可以最大限度地做好防范,以降低被动泄露和主动泄露的风险。

- 账户密码尽量设置为 10 位以上,最好是数字+拼音+大小写+特殊字符的组合,定期更换,并且不要把密码信息告诉他人。
- 不同平台、App 注册时要使用不同的账号密码,避免"一套账号走天下"的情况。
- 不要轻信陌生的短信,也不要点击接受陌生的网站链接和文件,不要扫陌生的二维码,不登录非法网站,下载软件和应用要去官方网站或正规软件市场。
- 安装杀毒软件,并且定期进行扫描查杀,尤其使用 Windows 系统的计算机要定期打补丁。
- 尽量不使用公共 Wi-Fi、酒店 Wi-Fi,不使用来历不明的硬盘、U 盘、手机等。
- 保管好自己的手机、身份证件和银行卡;尽量不要在社交网络及公共场合上发布个人及家庭照片。
- 不在社群中任意发布个人重要信息,不轻易地把陌生人添加到自己的社群网络中。
- 谨慎开启 App 读取通讯录、照片、LBS(Location Based Services,基于位置的服务)等隐私的权限。
- 快递单、包裹单等标有个人重要信息的单据不要随手丢弃,要注意保管或及时销毁。

3.3.2　接码平台

接码平台表面上只是提供验证码、短信等号码接入服务的一个供需平台,但实际是为黑灰产提供一站式手机号码绑定及验证服务的平台。现在各个数字平台账号必须是实名注册,需要手机号验证才能够激活并启用账号。接码平台能够快速助力黑灰产账号完成数字平台账号注册时的手机号验证任务。

接码平台原先非常多。2016 年 11 月，当时最大的平台"爱码"被查处后很多平台转入地下。不过，通过网络公开搜索还是可以查找到很多接码平台。接码平台的搜索结果如图 3-5 所示。

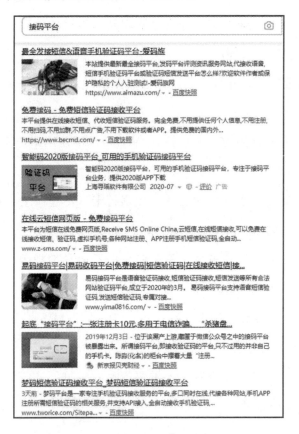

图 3-5 接码平台的搜索结果

通常接码平台会提供客户端和 API 接口，用于对接黑灰产注册机、卡商、猫池等工具。根据预先设置好的短信模板，接码平台能够自动提取其中的验证码，并回传填写到相应的工具中，自动完成注册等操作。

目前，大多数接码平台提供短信验证码和语言验证码两种形式。

> 2018年，顶象在为某客户提供业务安全服务的过程中，客户发现某个IP地址下面对应着4000多个注册账号。经技术分析与排查显示，这些账号来自同一个接码平台。该接码平台上的卡商、猫池、开发者、用户分工明确。该接码平台短短一个月期间取号条数达到500万，卡商的分成高达58万元，总金额达到97万元以上。
>
> 该接码平台的运营者制定了一套严格的利润分配以及管理方案，会根据成功率、任务类别等因素对任务成果进行衡量，甚至还会对不符合规范的卡商、开发者进行处罚，完全是公司化的运营模式。例如，在该接码平台的"用户投诉"中，被投诉且被确认的还会被处予不等金额的罚款。
>
> 从取现记录来看，卡商无疑是获取利润最大的群体，其取现金额在短时间内常常是几千元，获利可谓丰厚。考虑到该非法接码平台只是国内众多的平台之一，很多类似平台以暗网形式运行，该产业链每年产生的交易量非常惊人。

3.3.3 "黑卡"的来源和分布

"黑卡"就是黑灰产进行账号注册、短信收发、对外呼叫的手机号码，也就是上一节中提到的用于接收注册验证码的手机号。例如，经常接收到的各种诈骗电话、诈骗短信，其号码就大多是"黑卡"。

自2010年起，工业和信息化部就宣布实施手机用户实名登记制度，但当时由于没有明确的法律条文支持，实施效果并不理想。2017年6月30日，工业和信息化部又提出要求实现电话用户100%实名制登记，尚未实名的1亿用户需补登身份信息，否则届时将断掉服务。尽管工信部门及市面上已明令禁止发放无实名登记的手机卡号，但事实上依旧有"假实名制"的手机卡在"黑卡"市场内流通。

"黑卡"主要来自哪里？分析显示，卡商、运营商代理、接码平台等是"黑卡"的主要提供者。这里重点说明卡商。

卡商们拥有大量特定号段的手机卡，手机卡的数量往往达到几千张，这些手机卡来自不同的运营商。通过小规模、多批次的方式流入市场。其中，很多手机号段下集中了几千个"黑卡"，甚至是连号的号码。估计这与运营商的经销商内部员工的个体行为关系非常密切，为了牟取利益，部分人员会冒着违规的风险，寻找手机卡管理的漏洞，将部分号卡批量出售给卡商。

卡商将"黑卡"插入猫池，通过接码平台或者直接租赁给黑灰产，就能够进行批量的号码呼叫、短信集群收发等服务。

卡商会通过"养卡"来提升躲避监管的概率。也就是说在开完卡的前几个月中，卡商会用此卡大量模拟正常用户的操作，让监控系统误以为这是正常的手机卡而对其放松监管。

总之，"黑卡"的申请，实名信息伪造、使用等业务流程是非常成熟的，黑灰产只需要付费即可获得大量的"黑卡"。

2018年，顶象在对"黑卡"进行追踪后，分析出黑灰产使用的手机号码中，39%来自虚拟运营商，其次是来自中国联通（31%）、中国移动（24%）和中国电信（6%）等传统运营商。由于种种原因，虚拟运营商号段成为骚扰电话、垃圾短信、电信诈骗的重灾区，黑卡手机号码的运营商分布如图3-6所示。

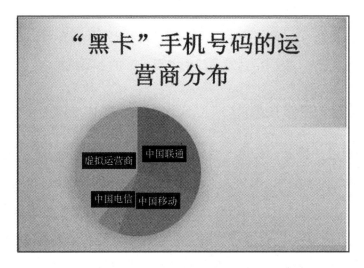

图 3-6 "黑卡"手机号码的运营归属分布

分析发现，黑灰产使用的手机号码分布与地区经济发展、手机用户量密切相关：手机用户量越大的地区，黑灰产的号段数量也就越多；经济越发达的地区，"黑卡"号码也就越集中；此外，电商、网贷等平台也多集中在经济发达地区，本身就是黑灰产首要瞄准的目标，这也是"黑卡"集中的原因之一，"黑卡"手机号码的地域分布如图 3-7 所示。

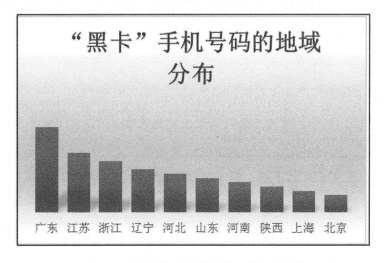

图 3-7 "黑卡"手机号码的运营归属分布

此外，黑灰产"最爱用"的手机号段归属广东的相对最多；而"卡商"、运营商代理、接码平台等则成为"黑卡"的主要提供者。

3.3.4 群控的作用

如前所述，群控就是用一台计算机控制几十、几百部手机，实现手机、App 同时同步操作，就好像一群人同时在线注册、登录、抢购、下单。

群控的应用很广泛，如微信上卖茶女账号很多是群控在操控，这本来是用于营销推广的一个工具，现在已经是黑灰产进行业务风险欺诈的核心的工具，刷单、"薅羊毛"、刷量、刷粉、刷阅读量、刷榜等均是通过群控操作来实现的。

群控有两类：一类是手机操控；另一类是计算机操控。无论是哪种操作模式，都是用一台设备操控几十乃至几百个账号。设置好答复文案、关键词的智能回复后，群控能够模拟人工操作，一对一地自动发布、推送、回复。除此之外，群控还可以自动抓取号码，导入通讯录或账号，自动添加好友等。

早期的传统群控是基于模拟点击的，被控手机连接上计算机之后，手机投屏到计算机上，通过计算机来操控手机及手机上的应用软件。目前，常用的群控方式是基于底层数据传输的，手机只要联网就可以被群控软件所控制，所有操作均通过数据传输模式，效率大幅提升。

2020 年 6 月，杭州互联网法院（杭州铁路运输法院）就原告腾讯计算机公司、腾讯科技公司诉被告浙江某网络公司、杭州某科技公司不正当竞争纠纷一案进行宣判。该案由涉案微信"群控软件"引发，系首例涉及微信数据权益认定的不正当竞争案。

被告公司开发、运营的群控软件，批量化操作微信、发布商业活动信息异化了个人微信产品的作为社交平台的服务功能，给用户使用微信

> 产品造成了明显干扰，同时危及微信平台的安全、稳定、效率，已妨碍、破坏了两原告合法提供的网络产品与服务的正常运行。最终，法院判定被告停止涉案不正当竞争行为，赔偿两原告经济损失及合理费用260万元，并为其消除影响。

3.3.5 注册机、秒拨 IP 与改机工具

在确定并了解目标平台业务后，黑灰产开始批量注册账号。在账号注册环节，需要并行使用三个工具，以达成快速注册，即注册机、秒拨 IP 和改机工具。

首先，注册机进行账号注册。根据设定好的规则和图片库等，注册机开始批量注册账号。注册机能够自动生成用户名，上传账户头像，部分注册机甚至可以自动设置昵称。

其次，秒拨 IP 会及时更换注册账号的 IP 地址。为了防止被平台发现是批量注册的账号，注册机注册一个账号就会更换一个 IP 地址，IP 地址来源于 IP 秒拨机。

秒拨机的运行机制是基于家用宽带拨号上网（PPPoE）的原理，通过不断断线后重新联网就会获取到一个新的 IP 地址。IP 池很庞大，而且是动态变化的，平台防控系统难以拦截。

接下来，通过改机工具为新注册账号分别配置设备属性。改机工具可以安装在移动端设备上，能够任意修改包括手机型号、系统版本、串码、IMEI、GPS 定位、MAC 地址等在内的设备信息，这样就能够让一部手机安装多个账号，每个账号的设备属性各不相同，从而欺骗设备检测。

3.3.6 黑灰产设备

黑灰产手机用来下载 App、注册登录账号、执行各类任务，是黑灰产

不可缺少的设备。除了以手机作为载体外，部分黑灰产也会将账号配置在模拟器软件上，通过模拟器，可以在真实网络及设备环境下模拟人类操作，进行虚假账号注册登录、刷单刷榜刷粉、交易下单等。不过模拟器更容易被检测出来。大部分黑灰产会选择手机设备配置账户。

智能手机已经成为我们生产生活中必不可少的工具，几乎记录了人们生产生活的所有重要信息，包括照片、通讯录、短信、通话记录、账号密码、聊天记录、工作文件、银行卡及支付信息等，是个人数字生活中心。在更换新手机后，原来使用的手机或者送给家人、亲戚，或者进入二手手机流通环节。通过一些软件工具能够轻松恢复二手手机敏感信息数据。

截至目前，国内旧弃手机总量已经超过 10 亿部。中国信通院报告显示，未来几年中国每年更新的手机数量可能会达到 4 亿至 5 亿部。据了解，我国每年二手手机用户交易规模超千万台，二手手机回收服务商和手机维修店是二手手机交易的重要渠道。

黑灰产的手机一般有两个来源：统一购买某个性价比高的新手机、在二手市场购买旧手机。其中，二手手机由于保留有原主人的账号及隐私信息更受黑灰产青睐。

以下案例介绍了黑灰产获取二手手机将其改造为黑灰产手机的整个过程。

> 胡英俊（化名）终于卖掉了那部旧手机。这部安卓手机已经跟随他两年多了，装满了游戏、音乐、购物、电影、地图、小说等 App，结果运行速度越来越卡，听筒还偶尔伴有杂音。虽然外面装了一个厚厚的手机壳，但是挡不住屏幕上若干条划痕和机身的磨损。
>
> 卖新手机兼收旧手机店老板大刘，详细查看了胡英俊这部手机的配置、安装的应用、运行情况和配件完整性。然后报了 50 元收购价格。并

且跟胡英俊说，要是在他的店里选购一部新手机，还可以享受 9.5 折的购机优惠。

胡英俊爽快地答应了。因为他此前问过好几个手机店、维修点，自己的手机最多能卖 40 块，现在能卖 50 元已经超过了他的心理预期。

大刘把胡英俊的旧手机清理干净，充满电，放到一个防静电袋中。作为二手手机交易链条中的最底层收购员，他会定期将收购的旧手机集中转售给专门的收购公司。

几天后，收购方代表小王来到店里，把包含胡英俊这部手机的 30 多部旧手机收走。从市场上散购到集中转售，大刘在每部旧手机上可以净赚 5~10 元不等。

拿到胡英俊的手机后，小王并没有将手机翻新继续投放到市场上加价销售，也没有找合作商家以二手形式销售或出口到经济欠发达的市场，更没有进行拆解和贵金属提炼，而是将这批旧手机"自用"。

他首先检查每部旧手机的状况、安装的应用，除保留网购、游戏、外卖等几个有线上交易或账号体系的 App 外，其他的会全部删除清理，以保证手机保持最佳运行状态。然后，给每一部旧手机安装一个小王他们团队自己开发的应用，并配置唯一的编号和口令，连接计算机端的控制台，然后在机房编排入组，安排上线。

在小王的手机机房里，有几千，乃至数万部这样的二手手机。通过计算机端控制平台，小王和同事们可以操控手机进行注册、登录、浏览、点赞、下单、点评、打分、抢购等一切交易。

本章小结

本章详细介绍了黑灰产业链中各个环节的作用。以上各个环节提到的黑灰产工具均可以通过公开搜索、公开渠道获得。也正是因为获取门槛很低，非法所得收益极高，所以从业人群规模很庞大。下一章，将介绍企业如何防范黑灰产的欺诈手段，保障自身的数字业务安全。

郑重提示：本章对黑灰产的种种手段仅做了概念上的介绍，黑灰产应用这些手段进行欺诈是违法行为，请切莫为之！

第 4 章
应对有道——五类行业风险防控的策略

万物相生相克，无下则无上，无低则无高，无苦则无甜。风险欺诈手段很多，很复杂，黑灰产业链很长，参与者很多，但是防控策略和手段也很多。本章将介绍金融行业、电商行业、航旅行业、内容行业，和数字化转型初期企业遭遇的常见业务风险的特征，以及相应的防控策略，为企业数字业务安全防控提供具体参考。

4.1 金融行业：全流程防控

金融的本质就是风险管理。随着数字化的转型，金融机构面临的新风险、新挑战日益增多。金融领域业务安全主要集中在营销、信贷。交易三大场景中。

4.1.1 金融业务风险特征：团伙作案

随着移动互联网的普及，金融电子化、数字化的进程日益加快，高效而灵活的多元化金融服务逐渐渗透到社会生活的方方面面。丰富的金融服务和多样化的应用场景，一方面降低了用户享受便利服务的门槛，极大地提升了用户体验；另一方面，速度快、频次高、范围广、场景多的新金融产品，也给金融机构的营销获客、用户体验、风险管理和精细化运营提出了新的风险挑战。金融行业面临的各类金融风险呈现出有组织、有计划的团伙作案特征。团伙作案的特征如图4-1所示。

图4-1 团伙作案的特征

- **组织团伙化**：欺诈并非单兵作战，而是有组织、有团伙、有计划、有分工，团伙内的各个成员都接受了相关技能的培训，分工明确、合作紧密、协同作案。

- **攻击隐蔽化**：对移动互联网、云计算、人工智能各种新技术的利用娴熟，欺诈手段日益复杂化、隐蔽化。欺诈团伙中的成员，利用技术手段进行各种身份冒用、身份包装，欺诈手段复杂隐蔽、取证困难。

- **规则透明化**：黑灰产对金融行业的申请、受理、调查、评估、审核等的各项业务流程非常熟悉，并且很清楚金融机构的需求和风控规则，更准确地说了解业务漏洞。

- **手段复杂化**：相较于个体欺诈，团伙欺诈行为更难侦测和识别，依赖"非黑即白一刀切"式的、对个体或设备进行静态风险行为防范的传统反欺诈手段，无法从动态的全局视角洞察团伙欺诈风险。

4.1.2　金融数字业务安全的全流程防控

金融数字业务产品多、链路长、场景复杂,这就需要全流程的防控。全流程防控主要分为风险识别、风险计量、风险监测、风险控制四个环节。

- **风险识别**:运用各种方法系统地、连续地认识所面临的各种风险以及分析风险事故发生的潜在原因。
- **风险计量**:在风险识别的基础上,基于历史记录以及专家经验,并根据风险类型、风险分析的目的以及信息数据的可获得性,采取定性、定量或者定性与定量相结合的方式,对风险发生的可能性、风险将导致的后果,及严重程度进行充分的分析和评估,从而确定风险的水平。
- **风险监测**:风险监测是一个动态、连续的过程,不但需要跟踪已识别风险的发展变化情况、风险产生的条件和导致的结果,而且还应当根据风险的变化情况及时调整风险应对计划,并对已发生的风险及其产生的遗留风险和新增风险进行及时识别、分析。
- **风险控制**:对已经识别和计量的风险,采取分散、对冲、转移、规避和补偿等策略,运用相应的风险缓释工具进行有效管理和控制。

全流程防控基于金融大数据动态定位潜在欺诈及高风险团伙,从源头追溯解析作案手段,系统地预测出风险的变化趋势,并精准定量评估欺诈等高风险操作的波及范围和影响力度,帮助金融机构快速识别异常操作,高效挖掘机构内、外部的潜在欺诈及高风险团伙,增强对未知风险的防范能力,进一步完善和提高金融机构风险管理系统的可靠性和准确率。全流程防控在具体实施上分为以下三步。

- **构建关联图谱**:基于对场景需求和业务逻辑的理解,构建跨部门、跨产品的覆盖个体、设备、组织、产品、交易等维度的复杂关联网络。
- 进行关联关系挖掘：提取个体和群体的静态画像，分析动态趋势，通过图数据挖掘技术定位潜在欺诈团伙并进行深度挖掘、特征衍生，应用机器学习定量分析后，开发反团伙欺诈模型。
- 进行风险动态监测：基于反团伙欺诈运营平台的可视化监控台，通过风控策略管理、黑名单标签库管理、高风险团伙定向分案等服务，有效保障在复杂关联网络反团伙欺诈模型上线后，能够持续更新迭代反欺诈的防控手段，为金融数字业务保驾护航。

4.1.3 案例解析：精准定位千余个套现和异常资金归结账号

某上市银行通过大力推动全行数字化、智慧化转型，提升零售业务客户服务效率和服务质量。与此同时，该行也遇到了团伙欺诈等诸多新挑战。例如，一些中介机构帮助很多不满足贷款条件的客户申请贷款，银行放款后，客户会转移一笔中介费到指定的中介机构账号。由于很多客户的资料被中介进行了包装伪造，银行审批中无法客观掌握该类客户的风险，加上高额中介费导致融资成本激增，发生群体性逾期甚至不良贷款的风险极高。

该银行要求：
- 跨部门跨产品跨业务，打通对公、对私、存汇、信贷、理财、代缴代发等海量行内数据，形成统一逻辑和标准。
- 构建以客户为核心的全局关联网络，以更高的抽象度打通业务链路。
- 防范各类团伙欺诈行为，保障资金安全。
- 及时掌握欺诈团伙和欺诈行为，实时了解欺诈动态及每个欺诈账户的情况，方便进行业务决策。

基于该银行大零售客户的网贷流程、零售交易情况、信用卡用户等信息，构建了全流程防控的体系。梳理并构建了零售客户关联关系图谱，扩展风险防控的视角，提升了风险防控的效率和有效性；通过有效识别"个体正常"但属于欺诈的团伙，并挖掘团伙的特征；将指标和规则应用到决策引擎，提高决策效率；通过数据可视化分析，从关系视角解释风险传导模式，便于人工排查团伙风险。

该防控体系建设完毕后，该行对于团伙欺诈防控的效果十分显著。以2019年某月防控效果为例：

- 在信贷申请方面，识别高风险客户 56 个，经业务确认的风险客户 30 个，涉及潜在风险金额 231.5 万元。
- 在异常资金交易方面，识别高风险客户 1170 个，经业务确认的风险客户 547 个，涉及潜在风险金额 6200.6 万元。
- 在信用卡养卡套现方面，识别高风险客户 1000 个，经业务确认的风险客户 664 个，涉及潜在风险金额 1700.3 万元。

通过上述案例可知，部署的全流程防控体系能够直观了解网内存在的欺诈团伙、涉案资金，方便审批人员定位与决策；能够及时而客观地分析存在的欺诈风险、欺诈占比、欺诈团伙来源，随时掌控全行的风险态势，从而帮助该银行挖掘出千余个张存在套现、异常资金归结等风险交易的账户，防范业务风险的效果非常显著。

4.2 电商行业：全链路防控

电商是数字经济的典型行业。作为互联网与实体经济最佳的融合方式之一，电商行业面临的风险欺诈复杂多变，不论是从客户端还是到交易端。因此这就需要一整套从端到端的全链路防控体系。就如塔防游戏一样，建立多层次、全流程的防御体系，对风险层层拦截。

4.2.1　电商业务风险的特征：复杂多变

电商行业的各个业务场景中面临着各类风险。其中，客户端上存在漏洞利用、逆向破解、仿冒应用等风险；注册登录场景中存在虚假账号、撞库攻击、暴力破解等风险；营销活动场景中存在垃圾广告、推广作弊、活动套利、薅羊毛、黄牛秒杀等风险；交易支付场景中存在恶意下单、虚假交易、盗卡盗刷、信用套现等风险；商品评价场景中存在商品信息爬取和评价信息爬取等风险。

综合来看，电商行业的业务安全风险防范中有以下难点：

- 黑灰产的新手段层出不穷，对抗难度大。
- 黑灰产手握大量账号，个体行为合法，群体非法，识别难度大。
- 业务风险点多，账户、订单等各系统均有可能出现漏洞，单点防控难度大。
- 业务防护体系中积累的风险核验数据量不够，更新不及时。
- 攻击来源复杂，既有不良用户，又有专业黑灰产，还有可能是恶意同行。
- 风险防控一旦出现误判，将直接影响网店交易量和排名，影响店铺业绩。

4.2.2　电商行业的全链路防控

业务安全风险存在于数字业务的各个环节之中，黑灰产攻击的可能是一个点，但攻破的却是一个面。电商平台采用单一的防控产品或在单一的场景布控，很难有效防范黑灰产的攻击。这就需要基于黑灰产的攻击流程、手段、工具来设计一套全链路、纵深化的防控体系，全链路防控体系的构成如图 4-2 所示。

第4章　应对有道——五类行业风险防控的策略

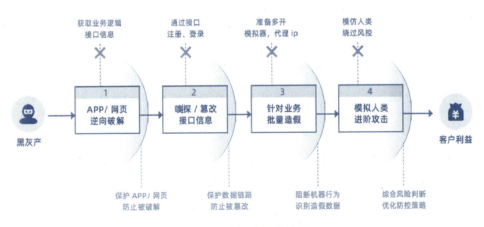

图 4-2　全链路防控体系

全链路防控体系的设计从多个流程节点着手，形成一条全业务流程的纵深防控体系。首先，通过端安全、链路安全对平台源码、接口和数据传输链路做保护；然后，借助设备核验技术、人机识别技术检测设备状态及运行环境，识别并阻断机器行为；通过风控引擎的行为校验和交叉验证，及时发现各类模拟行为、异常操作风险；同时，沉淀平台自有风控策略与风险数据，并实时对防控体系进行更新与优化。

整个体系实现了多节点安全防护，避免了风险攻击绕过单点防护；通过系统、数据、行为的多维度防御，可以及时有效地发现并拦截各种非法行为，且不影响正常用户体验。此外，防控体系每一次风险防御积累的回溯数据，为风险复盘及案件调查提供了强有力的数据支持。

4.2.3　案例解析：某电商平台发现并拦截 5 万多个 "羊毛党" 账号

某创新电商平台的主营商品以母婴用品、保健品以及跨境商品为主，致力打造高品质的一站式购物服务平台。每逢平台网购日或商户促销，就会有大批 "羊毛党" 进行疯抢优惠商品的 "薅羊毛" 行动，给商户和用户带来诸多损失。

具体来说，该平台主要面临以下三个风险：

- 平台出现大批只签到却不浏览、不购物的用户，无法识别是否是正常用户。
- 限时限量的优惠商品刚一上线，就被人秒杀一光。
- 部分的会员返利积分被恶意提现。

为有效防范虚假账号、薅羊毛、黄牛党等风险，维护电商业务正常有序运行，保障商户和用户的权益，该电商平台引入了全链路防控体系。

该体系部署的第一个月里，就抵抗了数千万次业务风险攻击；80%的薅羊毛请求被精准识别且被有效拦截，保障了商户和用户权益；平台虚假注册数量降低85%以上，极大地提升了用户体验；该防控体系无缝接入多个业务场景，发现并定位5万多个羊毛党、外挂秒杀、黄牛党账号；平台营销费用的投入较该防控体系部署前降低了95%左右。

4.3 航旅业：精准化防控

航旅业的数字化业务开展得比较早，科技集成度非常高，遭遇到的数字业务风险主要集中在营销及票务层面，而恶意网络爬虫是主要的风险欺诈形式。针对恶意爬虫的防范，需要精准化的防控体系。

4.3.1 航旅业务风险的特征：恶意网络爬虫肆虐

航空公司的票务系统叫作GDS（Global Distribution System），是一套应用于民用航空运输及整个旅游业的大型计算机信息服务系统。通过该系统，航空公司将座位通过线上线下、自营或代理的方式销售给旅客。

国内的GDS系统是全球最大的BSP数据处理中心之一，为国内航空公司和 300 余家外国航空公司提供航班控制系统服务、计算机分销系统服务和机场旅客处理服务，满足所有行业参与者进行电子交易及管理与行程相关信息的需求。

黑灰产则利用恶意网络爬虫，非法抓取航空公司 B2C 网站或官方 App 等平台上的航班信息，浪费航空公司带宽资源，消耗航空查询费用。

虚假的搜索查询量会导致航空公司收益管理系统算法产生误判，给出不符合实际情况的运价调整（即机票价格）。

最后，恶意爬虫抓取航班票务信息后，通过虚假的身份信息预订航线机票。在航空公司允许的订票付款周期内，加价转售给真正需要购票的消费者。这就导致部分机票并未售出，但消费者在航空公司查看时却显示已售罄。这种"虚假占座"行为不仅损害消费者的合法权益，更是严重扰乱航空公司的正常运营。

4.3.2 航旅业的精准化防控

为了防范恶意爬虫的危害，有些航空公司采用限制 IP 登录频次的方法进行防范，不过这样会误拦正常旅客的访问，而且很多爬虫程序可以通过虚拟 VPN 等软件绕过 IP 限制。也有航空公司将一定时段内的航班信息放在自身服务器的缓存中，客户查询只需调用缓存即可。但是由于是非实时的动态信息，导致旅客数据出现时间差，出现购票后无法出票的问题。

只有采用精准化的防控体系，才能有效防范航旅业面临的数字业务风险。精准化的防控体系提供了基于动态策略的纵深防护，可进行多维度的风险防御，能够有效拦截各种恶意"爬虫"行为，"反爬"的同时又不影响正常用户的体验。

航旅业的精准化防控主要包括四项工作。

首先，基于人机识别的设备核验技术，实现对各类风险和模拟器、真机的有效防范。

其次，结合风控引擎的行为校验和交叉验证，实现对恶意爬虫行为的有效识别。

再次，通过人机交互验证码，直接拦截恶意爬虫对敏感数据的爬取。

最后，基于业务欺诈的数据构建策略模型，对反爬效果进行实时优化，进一步防范恶意爬虫。

"提直降代"是近年来航空运营的重中之重。2016 年 2 月 4 日，国资委要求国航、南航、东航三大航空公司"将机票直销比例提高至 50%"。直销比例的提高，大约可以帮助航空公司每年节省近 10 亿元的分销费用。

很多佣金减少的航空票务代理公司会通过虚假占座和恶意退票来赚取差价。"虚假占座"就是借助恶意"爬虫"的倒票行为。公开数据显示，每年的虚假占座给航空公司带来的损失高达近 10 亿元。如果精准化的防控体系在各个航空公司落地，每年可减少数亿元的损失。

4.3.3　案例解析：某航空公司网站通过"反爬"每年节省数百万元查询费

> 某航空公司网站上出现了大量虚假查询流量、恶意爬虫爬票等情况，严重损害了乘客合法权益，并产生了大量额外的信息查询费用，影响公司的正常运营。
>
> 为了有效防范恶意爬虫的危害，为广大乘客提供高质量服务，该公司部署了精准化防控体系。具体方法即为上一节介绍的四项风险防范举措。
>
> 精准化的防控体系部署后取得了良好效果。该公司每年的航班信息查询费从 700 万元直接下降到 80 万元，下降幅度达 89%，每年为该航空公司节省了 620 万元的查询费。

4.4 内容行业：多点防控

内容行业是数字经济的典型代表，网络流量是内容行业最直接的特征。内容行业的数字业务风险核心是造假，文章造假、视频造假、阅读造假、粉丝造假等无处不在。除了要防范造假之外，还有随时可能出现的黄赌毒、暴恐等违禁内容也是防范重点，所以内容行业需要找对关键节点，进行多点防控。

4.4.1 自媒体、短视频等内容平台：养号猖獗

在内容平台上，经常会看到千篇一律的文章、内容极度同质化的短视频，唯一不同的就是标题和发布的账号。这就是内容产业的黑灰产，通过批量注册账号、批量制造文章、批量发布而产生的内容，目的是通过这些内容快速吸粉，达到一定粉丝量后，好去承接广告牟利，更可以把账号转售给其他人或公司直接变现。

> 2020年2月，广西北海警方抓获了四名贩卖某平台短视频号的男子。犯罪嫌疑人莫某从某平台分别以每个0.3～2元的价格购入大量的该平台短视频号。然后，通过不断地在该平台上发布一些虚假的、吸引人的图片和视频内容，慢慢地吸引用户关注，这就是所谓的"养号"。当一个短视频号的关注人数达到1000人以上后，便以40～80元的价格将该账号卖出，从中获取高额利润。

常规来说，黑灰产在内容平台上养号的运作流程如下。

第一步，利用社工库、猫池、接码平台等工具，在微信公众号、今日头条、百家号等自媒体平台上注册大批账号。

第二步，复制下载当日或近日的热点文章，或重新组织撰写一篇文章。

第三步，根据内容，掐头去尾删减段落，替换地名人名，改个夸张标题，然后就能变成几篇甚至几百篇同质化严重的文章。

第四步，通过多账号管理发布工具，将编造好的文章分别发布到不同平台，如图4-3所示。

第五步，通过刷粉、刷阅读量等手段提升粉丝量和阅读量，吸引广告主或转售账号。

图4-3 通过"养号"发布的文章

短视频平台也有养号群体，只是制作手法上略有差异。

第一步，利用软件，批量下载热门原创视频。

第二步，通过软件对视频进行批量剪辑，包含剪去片头片尾、顶部底部裁剪像素、播放速度、视频滤镜、镜像反转、画中画、时间速率等,同时,还有软件可以自动生成或抄袭其他营销号的文案并辅以机器人配音。

第三步,更换标题,通过账号管理工具,将视频上传至不同短视频平台。

所以,大家看到的那些标题夸张的文章,那些动辄几万浏览量的小视频,很可能是抄袭拼凑他人的劳动成果而来,并且为了吸引广告主、为账号转售提供支撑,"养号大军"还会通过刷粉、刷阅读量等造假行为提升粉丝量和阅读量。

4.4.2 直播、论坛、社交等平台:违禁信息繁杂

社区、社交、直播、资讯、短视频等平台会产生海量的 UGC 内容,这些内容主要以语音、视频、文本、图片以网页等形态呈现。如不进行及时审核、发现、处理,不仅给个人用户带来不良影响,更会给平台带来巨大的违规风险,面临监管部门的严厉处罚。

> 2020 年 7 月 13 日,国家网信办依法约谈某网校负责人,责令限期整改其 App 上存在的低俗视频,完善信息安全制度,加强内容审核,切实落实主体责任。
>
> 2020 年 6 月,网信办约谈处置了若干网络直播平台。在巡查中发现多家网络直播平台上的部分女主播衣着暴露,部分男主播言行粗俗恶劣,低俗热舞、恶搞、谩骂等现象屡禁不绝;聊天类直播内容无营养、无价值,甚至传播不良价值观;留言互动、弹幕和用户账号注册疏于管理,违法违规信息层出不穷等,存在传播低俗庸俗内容等问题,未能有效履行企业主体责任。
>
> 2019 年 1 月 17 日,全国"扫黄打非"办公室,会同网信、公安、教育、文化执法等部门发起的、对教育 App 的大规模查处行动中,共计有 15000 多个教育类 App 因涉嫌违禁内容等原因被下架。

违禁信息风险主要出现在以下内容平台：

- 资讯、短视频等平台，主动或被动发布的图片和信息中，包含色情、低俗、暴力、恐怖、政治敏感、黄赌毒等内容。
- 网络直播、短视频，用户发布的留言、互动、弹幕中存在色情、低俗、暴力、恐怖、政治敏感、黄赌毒等内容。
- 论坛社区、社交社群，用户或黑灰产发布的图片和信息中，包含色情、低俗、暴力、恐怖、政治敏感、黄赌毒等内容。

4.4.3　内容平台的多点防控

针对养号猖獗、违禁信息复杂等问题带来的风险，内容平台除加强自身运营管理外，还需要通过风险设备识别、行为风险识别、关联风险识别以及策略模型等实施多点防控，有效鉴别机器行为，从源头防范业务欺诈。多点防控就是在内容业务和平台流程的多个点设置不同的防护措施，彼此形成协同，并能够层层防御风险，以保障业务的安全。

- 事前：业务上线前，对业务安全漏洞进行检测，及时发现潜在风险并修复，同时对客户端等进行加固，防范被黑灰产入侵利用。
- 事中：通过大数据和人机识别技术，对注册、登录、账号操控行为进行核验，并借助风控引擎实现对风欺诈行为实时防范。
- 事后：欺诈行为发生后，通过关联网络对异常行为、异常账户、异常数据等进行分析，抽取相关等信息，沉淀为历史风险核验数据。并对数据进行分析，构建或优化风控模型，优化到防控体系中。

此外，借助文字识别技术、自然语言处理技术，全面高效识别文字、图片内的垃圾广告，清除导流广告、变体广告等，防范平台上黄赌毒暴恐等违禁信息。

4.4.4 案例解析：某短视频平台有效甄别养号大军

2019 年，某短视频平台吸引视频博主入驻推出一项增长计划，新入住的视频博主不但可以获得资源支持，更可以获得奖金分成。

计划发布后，视频平台用户大增，却也出现大量劣质且同质化账号。平台发现这些发布视频的账号，一天可以发布十几条甚至几十条短视频。有的是不同地方新注册，有的是注册很久的老账号。就活跃度来说属于优质 UGC 用户，但是内容上粗糙且同质化严重。

短视频平台需要快速地甄别出账号是否为营销号还是真实用户，维护平台内容质量；同时，有效阻截虚假账号注册，保障平台运营秩序。

基于平台的现状，该短视频平台引入多点防控解决方案。方案部署后，短视频平台拦截新的虚假注册账号两多万个，挖掘出 11 个养号的团伙组织。随后，该平台对这 11 个团伙组织注册的账号进行了封停注销，并清理下架数万条劣质视频内容。短视频业务安全整体防范精准度提升 45%。

4.5 数字化转型初期企业：多维度动态防控

App 是企业为用户提供数字业务的重要渠道，也是企业数字化转型进程初期最典型的应用之一。但大量企业的 App 遭遇到了用户账号密码泄露、App 被山寨、App 被重打包等风险。对于处于数字化转型初期的企业来说，这就需要构建多层次的防控体系对这些风险进行有效防控。

4.5.1 多行业 App 遭遇入侵与山寨风险

App 拉近了企业与用户的距离，也使得企业的业务环境、流程、模式发生了很大变化，面临的风险挑战也更加复杂。每个拥有 App 的企业，都会面临以下风险。

- **用户账号密码泄露**：黑灰产利用技术工具破解防护，通过暴力破解、撞库等方式获取到用户密码，进而盗取账户内余额、积分，或者对账户进行其他操作。暴力破解和撞库都是使用自动化工具，例如暴力破解是针对特定的账户进行尝试，事先不知道密码，只知道这个账号是存在的，黑灰产针对同一个账号多次尝试用不同的密码登录直至成功，而撞库通常只尝试一次登录。

- **山寨 App**：黑灰产花费几万元找个外包公司，直接制作名称或图标与正版 App 很相像的山寨版 App，诱导用户下载使用，进而窃取用户隐私，骗取钱财。

- **App 重打包**：黑灰产对企业 App 源代码进行反编译，篡改相关参数并植入恶意代码，然后重装打包并发布 App，进而窃取用户隐私、恶意推广、骗取钱财。

近年来，破解企业 App 盗取用户账号的事件屡屡发生。

2020 年，上交所在期权市场监控过程中发现，多家期权经营机构所使用的客户端软件存在被破解的情况。上交所表示，该客户端软件在前期多次升级的基础上，此次仍然出现漏洞，再次提醒各期权经营机构注意系统安全风险，及时升级供应商所提供的安全补丁，审慎合规地开展各项业务。

2019 年 10 月，福建省厦门市思明区人民法院以非法获取计算机信息系统数据罪判处田某有期徒刑三年，并处罚金人民币一万元。经查，田某在 2019 年 1 月 5 日至 1 月 15 日期间，通过软件抓包等非法手段，在厦门银行手机银行 App 内使用虚假身份信息注册银行Ⅱ、Ⅲ类账户，非法销售获利。

企业 App 遭遇山寨、重打包典型事件也非常多。

> 2020 年的央视"3·15"晚会曝光了一些手机 App 中存在第三方 SDK 插件，窃取用户信息的情况，其中被曝光的应用中有一款名为"美的空调遥控器 App"。美的空调官方第一时间回应称：美的空调遥控器这款 App，并非美的空调以及美的集团旗下美的美居所开发的官方应用软件，美的已成立专项打假小组，正在追查软件开发者，必将追究其法律责任。
>
> 2019 年，太原车主王先生在手机系统自带的应用商店搜索名为"交管 12123"的 App，发现了多个名称含有"12123"的 App，误选了一个右上角带有"官方"字样的 App 并安装。但在打开并使用该 App 处理一条违章记录后，除了 200 元的罚款，还被扣除了 38 元手续费。交警部门提醒，在手机应用商店中，有很多以查违章命名的 App，其实这些都不是官方的。安装官方 App 只需搜索"交管 12123"即可。
>
> 自 2013 年 12 月，12306 手机客户端上线以来，就长期面临被山寨的风险。在应用商店中，随手一搜 12306、火车票等名词，出来的一大批山寨的 App，很多 App 后面还缀有"官方"二字，很容易让人上当受骗。

4.5.2　多维度动态防控 App 欺诈

作为企业业务和用户服务的重要载体，App 涉及整个业务链条，因此在防护上不仅需要加强 App 本身的防护，还要在部署预警防控、多层次防范欺诈和恶意攻击行为上多加注意，多维度动态防护就是在设备层、业务层和用户层进行多个维度形成防护体系，并将沉淀的风险和策略及时更新到防护体系上，以提升动态防控效能。多维度动态交叉防护的概念图如图 4-4 所示。

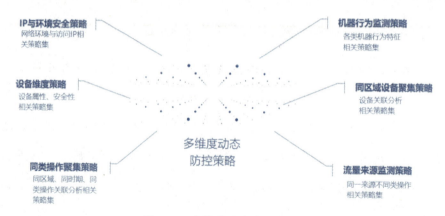

图 4-4 多维度动态交叉防控

首先，企业在 App 端配置客户端保护，保障 App 客户端的源代码、资源文件、用户数据等安全，有效侦测针对 App 的入侵破解等行为，防范仿冒、篡改、恶意编译、非法调试模拟等风险，保护核心源代码安全，保障隐私和敏感数据。

其次，在业务端配置风控引擎，基于行为技术、交叉验证发现异常行为和操作，为运营人员提供预警。

再次，基于大数据构建专属的风控模型，及时优化更新到风控引擎中，让业务安全防控更有精准度，更好挖掘潜在风险。

客户端防护+风控预警+模型优化，由此组成多维度动态防护体系，防范用户账户泄露、App 山寨、App 重打包等风险。

4.5.3 案例解析：某快递公司有效保障 App 系统安全

> 某快递公司是一家以快递为核心业务，集跨境、快运、商业、云仓、航空、金融、传媒等生态版块于一体的综合物流服务企业。作为国内较早上市的物流企业，年发送快递近百亿件，为数亿用户提供速递服务。

> 2018年,该企业收到多个用户反馈,表示个人账号出现异地登录、密码丢失、账号被盗用、账号内积分被挪用等情况,企业运维部门分析发现,黑灰产利用App存在的漏洞,进行暴力破解攻击,窃取了部分用户账号密码。
>
> 该企业采取多种措施加强了账号的异地登录保护、账号异常预警、账号密码修改保护,但收效不明显,于是公司引入了多维度动态防控方案。
>
> 方案部署后,该公司的快递App的安全性得到显著提升。黑灰产对App的暴力破解等攻击大幅下降,用户的账号安全性提升了46%。此外,也有效防止了黑灰产对App恶意重打包、制作山寨App等欺诈行为,保障了App安全,为用户提供了更加安全的服务和体验。

本章小结

本章主要介绍了多个行业面临的业务风险,以及相关的风险防控解决方案思路,并通过相关案例说明了防控效果。下一章节将介绍业务安全防控中应用到的主要技术和产品。

第 5 章
见招拆招——七种技术手段防范风险

安全行业有种说法叫作"未知攻,焉知防"。意思就是,不知道攻击来自哪里,就无法有效防御。要做好防御,首先要了解攻击者是如何进攻的。第 2 章、第 3 章详细介绍了企业数字业务面临的风险及特征,黑灰产业链实施各类欺诈的招数,就是希望企业对实施欺诈、制造风险的攻击者有清晰的认知,为实施防控做好充分准备。

本章将详细介绍防范风险的技术手段,包括渗透测试发现潜在风险、App 加固防范 App 被破解、设备指纹采集操作行为、验证码辨别人与机器、风控引擎综合核验真伪、部署风控模型感知风险、知识图谱挖掘潜在风险,帮助企业有效保障数字业务的安全。

第 5 章 见招拆招——七种技术手段防范风险

5.1 渗透测试——发现潜在的风险与威胁

5.1.1 什么是渗透测试

渗透测试是一种安全测试和评估方式,通过模拟使用黑灰产的技术和方法,挖掘目标业务、目标系统存在风险漏洞、安全隐患。渗透测试可以帮助企业提前发现业务存在的问题,能够未雨绸缪地做好应有的防护,避免业务上线或启动后遭受欺诈攻击,影响业务正常运行。

5.1.2 渗透测试的步骤

渗透测试是通过技术手段防范企业数字业务安全风险的开始,整个渗透测试的流程由六个步骤组成,如图 5-1 所示。

图 5-1 渗透测试的流程

1)确定渗透范围和目标:安全人员收集企业需求,准备测试计划(包含定义测试范围与边界、定义业务目标、项目管理、具体规划等),与企业讨论且确定渗透测试的范围、目标、限制条件以及服务细节。

2)广泛搜集情报:在目标及服务范围确定之后,安全人员利用各种信息来源与搜集技术方法,尝试获取更多关于目标业务流程、业务逻辑、网络拓扑、系统配置、安全防御措施等信息。对目标的情报探查是否全面很大程度上决定了渗透测试的成败,因为如果遗漏关键的情报信息,不仅可能无法发现重要的安全漏洞,甚至造成整个渗透测试出现重大失误。

3）制定渗透步骤：在搜集到充分的情报信息之后，安全人员针对获取的信息，确定渗透测试的方式和步骤。

4）业务漏洞分析：基于搜索获取的情报信息，安全人员利用各种工具和技术，找出可以实施攻击的业务安全漏洞、攻击点，并在实验环境中进行验证。

5）实施渗透测试：测试人员基于发现的业务安全漏洞，在目标范围内，实施攻击，绕过或挫败既有的安全防御措施，若企业的安全响应团队未警觉和发现，测试人员获得了渗透目标中确定的权限、信息或物料，由此可确定渗透成功。

6）撰写测试报告：根据渗透测试过程，向企业提交翔实的渗透测试报告。报告中应包含渗透测试团队所获取的关键情报信息、探测和发掘出的业务安全漏洞、成功实施攻击的过程、对业务造成的影响，同时还要站在企业的角度，帮助其分析安全防御体系中的薄弱环节、存在的问题，以及修补与升级的技术方案。

5.1.3 渗透测试的覆盖范围

实施渗透测试有三类方式，企业可以根据业务及需求自主选择：一类是专业安全公司的安全服务团队(或叫作渗透服务团队)实施，例如顶象的"洞见实验室"；第二类是通过众测平台实施，也就是行业内的三方安全测试平台，收到企业渗透测试需求后，采用众包的方式分配给平台签约的安全专家完成渗透测试任务；第三类就是通过自动化渗透测试产品由企业自己的IT部门实施，这类自动化渗透测试产品内置各类漏洞POC、攻击工具等，能够进行自动化的扫描、测试。

渗透测试是模拟黑灰产的行为，综合来看渗透测试涵盖了企业以下方面的数字业务。

- **业务流程测试**：对企业业务的整体流程、业务逻辑、认证授权等的测试。
- **账号体系测试**：包括对账号注册、账号登录、账号破解、账号密码找回、用户操作、更改密码等的测试。
- **应用层面测试**：包括对网站及接口、App 客户端、App 安装包、App 代码保护、数据传输、各个应用的更新等的测试。
- **网络层面测试**：包括对服务器、云端接口、API 接口、第三方组件、安全防护、系统管理密码、应用系统密码、FTP 密码、远程管理工具等的测试。
- **办公网络测试**：包括通过 ARP 欺骗、钓鱼邮件、内网攻击等方式测试办公网络。

通过渗透测试，企业可以发现业务上存在的系统漏洞、软件漏洞、逻辑漏洞、业务规则漏洞、第三方服务漏洞等。然后基于测试报告，精准定位潜在的漏洞，并根据修复建议进行修复，有效防御业务上线后面对的各类风险。

5.2 "加固"App——防范客户端遭入侵和篡改

5.2.1 什么是 App 加固

App 加固就是将 App 的应用文件通过隐藏、混淆、加密等操作，进行某种形式的转换，以对 App 的代码和逻辑进行安全保护，防范 App 遭到入侵破解、核心数据泄漏 App 被重装打包等风险，为开展数字业务的企业的 App 提供安全保护。

5.2.2　App 为什么要加固

安卓 App 主要采用 Java 语言进行编写开发。Java 语言是一种面向对象的解释性语言，功能强大，易用性强，初学者也能轻松地学习 Java，并编写简单的应用程序。JDK（Java Development Kit）是 Java 语言的软件开发工具包，主要用于移动设备、嵌入式设备上的 Java 应用程序。JDK 包含 Java 的运行环境和 Java 工具，是整个 Java 开发的核心。

Java 基本类库是开源的，这就使很多 Java 开发的应用程序被逆向破解的门槛很低。目前市面上有大量的逆向破解工具，例如 Dex2Jar、JEB、JD-GUI 等。

在网上搜索"App 破解"这个关键词，会出现 1 亿多条结果。从 App 破解的入门知识到逆向破解工具的下载，从 App 破解技术视频到全图文的教程一应俱全，获取 App 破解技术几乎没有难度。通过逆向破解工具，黑灰产就能够对 App 的 APK（Android Application Package，Android 应用程序包）进行破解入侵，然后将 APK 文件逆向破解，再植入广告、恶意代码，最后重新打包投入公开的 App 市场。这会对企业的数字业务安全造成巨大风险，当不明真相的网友下载使用这些重打包的 App 后，会带来巨大的经济损失。

通过采用 App 加固技术，可以有效抵御黑灰产各类针对企业 App 的攻击。

App 加固支持 iOS、Android 等平台，主要在三个层面对 App 进行加固，具体说明如下。

- 源代码加固：对 DEX（Android 系统的可执行文件，包含应用程序的全部操作指令以及运行时的数据）文件进行保护，防止 App 二次打包；对 SO（SO 是 Android 中调用动态库文件，是一种二进制文件，作用相当于 Windows 下的.dll 文件）文件进行保护；对资源文件进行保护。

- **应用加固**：应用加固指 Log 日志（记录了系统和系统用户之间交互的信息，是自动捕获人与系统终端之间交互的类型、内容或时间的数据收集方法）的输入屏蔽。
- **数据加固**：数据加固包括页面防劫持、本地数据保护、截屏保护、内存数据防查询、协议加密、虚拟键盘保护等内容。

通过以上手段，可以有效防止 App 遭破解入侵，防范 App 代码遭到恶意篡改和恶意植入，防止数据遭到窃取泄露。

5.2.3　App 加固的发展史及产品介绍

App 加固技术经历了动态加载、不落地加载、指令抽离、指令转换/VMP、虚机源代码保护五个阶段，如图 5-2 所示。

- **第一代**：动态加载方式实现 App 的安全加固。基于 Java 虚拟机的动态加载技术，首先将程序切分成加载与关键逻辑两部分，并分别打包；运行时，加载部分会先运行，然后释放出关键逻辑；最后，Java 的动态加载技术进行加载并执行相关操作。
- **第二代**：第二代加固技术能做到对开发的零干扰，开发过程中不需要对应用做特殊处理，只需要在最终发布前进行保护即可，以此实现 App 的加固。该方式中，App 的关键逻辑以加密的方式存储在 APK 中，运行时加载部分将关键逻辑释放到文件系统，此时关键逻辑还处于加密状态。加载部分正常调用 Java 动态加载机制。
- **第三代**：指令抽离的方式加固 App。第三代加固技术对文件级别进行了改进，将保护级别降到了函数级。将原始 DEX 内的函数内容清除，单独移除到一个文件中，运行时再将函数内容重新恢复到对应的函数体。

- 第四代：指令转换/VMP 方式实现 App 的安全加固。作为函数级的保护，VMP 技术使用 Android 虚拟机内的解释器执行代码。当 DEX 文件内的函数被标记为 native 时，内容被抽离并转换成一个符合 JNI 要求的动态库，动态库内通过 JNI 和 Android 系统进行交互。不过该加固只实现了对 Java 代码的保护，没有实现对 C/C++等代码的保护。
- 第五代：虚机源代码保护方式实现 App 的安全加固。将核心代码编译成中间的二进制文件，随后生成独特的虚机源代码保护执行环境，将所有高风险操作在该环境内执行，操作完成环境立即释放，不给攻击者可乘之机。

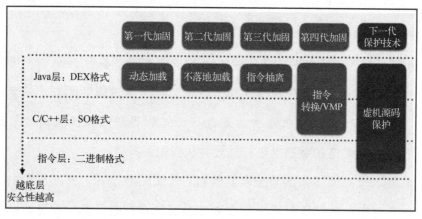

图 5-2 App 加固技术进化的五个阶段

以顶象 App 加固技术为例，它基于虚机源代码保护技术，良好兼容 Java、Kotlin、C/C++等多种语言，可以保护 Android 的 DEX 文件、配置文件、SO 文件等 16 种数据和文件的安全，可以有效侦测并对抗动态调试、代

第 5 章 见招拆招——七种技术手段防范风险

码注入、内存 Dump、root 环境、多开环境、模拟器、重打包等攻击。

顶象 App 加固产品提供了一套完整的工具集，首先把 App 代码编译成中间的二进制文件，随后生成独特的虚机源代码保护执行环境，以及只能在该环境下执行的运行程序。虚机源代码会在 App 内部隔离出独立的执行环境，该核心代码的运行程序在此独立的执行环境里运行，即便 App 本身被破解，这部分代码仍然不可见。顶象 App 加固产品的运作方式如图 5-3 所示。

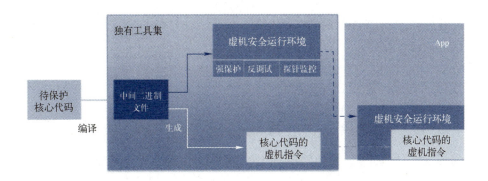

图 5-3 顶象 App 加固产品的运作方式

顶象 App 加固产品自带"蜜罐"功能（一种针对攻击的欺骗招数，诱使攻击方对"蜜罐"实施攻击，从而可以有效捕获攻击行为并对其进行分析，进而通过技术和管理手段来增强实际系统的安全防护能力），可以通过自身的探针感知到环境的变化，实时探测到外界对本环境的调试、注入等非正常执行流程变化，将调试动作引入程序陷阱，并发出警报，进而进行实时更新，进一步提高安全强度。

此外，顶象 App 加固产品率先支持对 iOS 免源代码加固，提供代码混淆、字符串混淆、符号混淆、指令虚化、防调试、反编译、防 Class dump 的保护，并支持 Bitcode 输出。

5.3 设备指纹——核实使用者真伪

5.3.1 什么是设备指纹

设备指纹就是通过某种 Hash 算法生产特征字符串，以标识出该设备的特征、独特标识、属性信息等。包含设备的操作系统、系统的各种插件、浏览器的语言设置及其时区、设备的硬件 ID、手机的 IMEI、计算机的网卡 Mac 地址、字体设置、LBS 地址。

通过为企业的每台设备赋予这样一个唯一的标识，可以帮助企业进行用户身份核验、反欺诈，甚至可以作为营销信息的追踪记录工具。

5.3.2 设备指纹的由来

在 PC 互联网时代，人们主要是通过 PC 上的浏览器访问网站，获得互联网服务，互联网企业通过 Cookie 以及 IP 地址用于识别用户设备。Cookie 技术出现在 20 世纪 90 年代，能够跟踪用户访问记录、次数、计算机信息甚至账户信息，成为网络广告服务商识别用户身份的重要凭证，被广泛应用于 Web 领域设备的识别与标识。

Cookie 采用的是一种用户数据本地存储的方式，恶意用户可以通过清除本地数据的方式来轻易地逃避检测，其应用范围受到很大的限制。同时，由于对用户隐私保护的日益关注，主流浏览器厂商已经限制并逐步摒弃对 Cookie 技术的使用。

在当今的移动互联网时代，用户上网的设备多元化、连接互联网的渠道多样化、接入服务的地点任意化，用户的操作行为个性化，用户设备更加难以被识别与跟踪。由此给广大开展数字业务的企业，尤其是互联网企业带来了新的挑战。使用 Cookie 技术识别用户已经越来越不能适应当前的网络环境，能够同时采集设备、网络、操作行为、地址、用户习惯等信息的设备指纹成为更加有效的设备识别与追踪技术。设备指纹能够来区分操作者的真伪，是有价值的用户还是恶意欺诈行为，在无法快速识别操作用户的情况下，从设备着手，识别可疑上网设备，及时对高风险的设备及相关操作做出反应，即可控制风险降低损失。

5.3.3 设备指纹的技术类型及产品介绍

设备指纹技术使用更多的信息来完成设备的识别，并在分析与鉴别的基础上，对每一组从终端设备采集的特征信息组合赋予唯一的设备指纹标识。从实现的技术方法上看，可以分为主动式、被动式和混合式三种技术类型，如图 5-4 所示。

图 5-4　设备指纹的三种技术类型

- **主动式**：一般采用 JS 代码或 SDK 为载体，在 App 等客户端主动地收集与设备相关的信息和特征，通过对这些特征的识别来辨别不同的设备。
- **被动式**：在设备与服务器通信的过程中，从数据报文的 OSI 七层协议中，提取出该终端设备的软件、网络状态等相关的特征集，并结合机器学习算法以标识和跟踪具体的设备。
- **混合式**：集成了主动式和被动式技术的优点，在准确识别设备的同时扩大了设备指纹技术的适用范围。对于 Web 页面或 App 内部的应用场景，可以通过主动式设备指纹技术进行快速的设备识别；而对于不同的浏览器之间、Web 页面与 App 之间的设备识别与比对关联，则可以利用被动式设备指纹来实现。

国内提供设备指纹技术的公司很多，以顶象设备指纹为例，其采集包含终端设备的硬件特征、网络特征、环境特征等非敏感的近百种特征信息，从而为每一个终端设备生成全球唯一的设备 ID，作为纵深防御风控体系下的重要支撑，实现终端设备上的各类风险检测、行为风险分析及真机识别，有效侦测模拟器、刷机改机、团伙作弊等欺诈行为。顶象设备指纹产品示意图如图 5-5 所示。

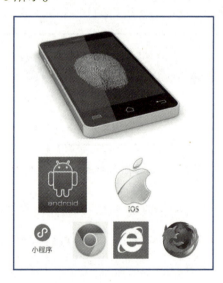

图 5-5　顶象设备指纹产品示意图

顶象设备指纹产品具有以下特性。

- 支持 Android、iOS 等主流移动平台，支持微信小程序。
- 采集终端设备的近百种特征信息，为每一个终端产生全球唯一的设备 ID。

- 支持 Web 端跨浏览器和跨平台的一致性设备特征信息采集，不受修改浏览器数据、禁用/清除缓存、禁用/清除 Cookie 的影响。
- 基于一次一密的 Token 机制，保障采集的特征信息具有唯一性和安全性，避免了被窃取复用。
- 有效侦测并防范非法调试、代码注入、针对系统的 API hook 等攻击行为，并可以对设备进行有效跟踪。
- 提供可视化报表，支持不同时间、不同维度的风险趋势查询。

通过采用设备指纹技术，开展数字业务的企业可以有效辨别访问 App 或者网站的设备是真实用户还是机器，提前预防机器的批量注册、批量登录、批量操作行为，及时检测出单设备登入多账号、账号是否为人操控等行为，有效规避风险。

5.4 验证码——防范虚假注册与登录

5.4.1 什么是验证码

验证码是一种区分用户是计算机还是人的全自动程序，可避免因恶意登录导致的密码泄露、刷票、信息被爬取、脚本作弊等风险事件的发生，是一种重要的防范利用机器作弊的技术手段，目前已经是网站、App 等交互式访问平台的必要防控措施。其运行机制就是通过对验证码的输入、点击、滑动、拖动等交互方式，快速识别注册或登录者是真人还是机器。开展数字业务的企业通过应用验证码可以防范虚假账户注册与登录，有效规避数字业务风险。

5.4.2 验证码的来源

验证码的全称是"全自动区分计算机和人类的图灵测试",由卡内基梅隆大学的路易斯·冯·安于 1997 年提出,如图 5-6 所示。其初衷是通过简单的方法将试图伪装成人类的机器鉴定出来。

图 5-6　验证码之父路易斯·冯·安

路易斯发现,人类可以用肉眼很轻易地识别图片里的文字信息,而机器就不能识别。尤其是镶嵌在图片中的、被扭曲过、污染过的文字,人类可以轻易地辨别出来,而机器则无法辨别。

验证码的主要工作方式为:计算机会自动生成一个问题由用户来解答,由计算机评判,但这个问题必须只有人类才能解答,回答出问题的操作者就可以被认为是人类。

验证码是一种利用意识区分用户是计算机还是人的全自动程序,可以区分出访问者是机器人还是真正的人类,防止恶意攻击或者刷号情况,在注册、登录、网购、交易等各类场景中都发挥着巨大作用,并且在不断进化中成为网络世界中不可或缺的安全技术。

5.4.3 验证码的发展及产品介绍

早期的验证码就是网站提出一些问题让用户解答。随着安全防护与破解入侵两方面的抗衡日益升级，验证码的难度在不断增加，形式也在多样化。从简单的字母、数字、算术题，到扭曲的字符、模糊的图片等被归类为知识性的验证码，不断提升机器的捕捉和辨别难度。

当然，验证码一直是被吐槽的对象。例如，某次全国硕士研究生招生考试预报名就出现了令人啼笑皆非的验证码，还有某知名出行软件的登录验证码，由于人眼都难以快速辨认，被网友各种吐槽。

为了节省用户时间，提升操作体验，新一代无感验证码已经开始向无知识型进化。顶象的无感验证技术可以做到对正常用户的访问无干扰放行，对有风险的访问进行拦截，对可疑的访问进行二次验证，并且能自动识别风险的层级，来调整交互验证的难度。具体体现就是用户只需拖动滑动条、进行图片拼接、点选点击等简单操作，甚至不需要任何操作，就能够完成账户登录身份验证。这种全新的验证方式良好地解决了业务安全和用户体验两者之间的矛盾，"无感验证"验证码如图5-7所示。

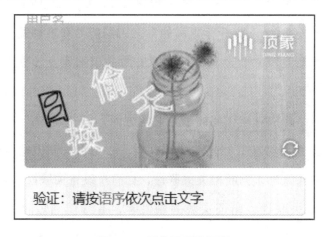

图5-7 顶象无感验证码

顶象"无感验证"基于用户行为及环境信息等数据信息，结合模型和风控分析，能够有效防范恶意破解，保障客户信息安全，有效防控各类业务风险威胁。

它集设备指纹、行为校验、操作校验、地理位置校验等多项功能于一身，能够实时判断注册登录账户的是否为真人，有效防范程序化的批量注册、黑客恶意登录、网络非法爬取等欺诈风险。其独有的专家策略，能根据校验结果给出综合建议，让合法用户无需验证、可疑操作二次验证、风险操作直接拒绝。让真正的用户无感通过，让非法的请求无法通过，提升业务交互体验的同时也提供安全保障。

在用户访问方面，"无感验证"通过人机交互行为进行防护。如鼠标在页面内的滑动轨迹、键盘的敲击速率、滑动验证码的滑动轨迹及速率、按钮点击等行为轨迹模型检测来进行识别。

在异常检测方面，"无感验证"使用的一种异常检测算法为孤立森林（Isolation Forest）算法，该算法中提出了孤立的概念，即将异常数据从既有数据分布中孤立出来，用以实现异常检测的目的。孤立森林算法较基于正常数据点创建 Profile 进行异常检测的算法，如 Replicator Neural Network、one-class SVM 有更高的异常识别能力和准确度，不仅可以有效地不仅提升验证码对机器行为、恶意行为的识别能力，更可以提升用户的体验度。

在应对网络爬虫对验证码的暴力破解方面，"无感验证"通过图片乱序切条、图片更新定时加工、图片变异等技术，结合关联性检测进行防范，通过内置规则和策略，判断相关关联性，如同一设备关联性、同一 IP 关联性、滑动失败关联性、验证次数关联性等，有效识别短时间内异常关联性。此外，在数据传输环节已内置"乱序切图传输"功能，可将背景图片进行乱序切割后传播。

"无感验证"采用多节点部署，上线简单快捷，提供数据存储以及中间件，能够应用在 H5、Web、App、微信公众号上，能够为注册、登录、营销、交易、贷款申请等各种业务场景提供集客户体验和风控安全为一体的验证服务。

5.5 部署风控引擎——感知风险，辅助决策

5.5.1 什么是风控引擎

风控引擎是风控规则、风险策略的集合，通过信息的搜集、汇总、加工、整合，借助大数据、人工智能、云计算等技术，进行风险预警控制，可以起到降低风险管理成本、提升用户体验、助力业务精益运营的作用，实现以技术和数据驱动的风险管控与运营优化。简单来讲，风控引擎就是通过对大数据进行综合计算后，精确判断并发现风险用户、并对安全用户进行评估的技术。

市面上风控引擎的命名很多，包含且不限于：实时决策引擎、大数据风控引擎、智能风控引擎等。虽然命名不同，但其功能的实现均基于大数据平台的计算分析能力、机器学习或深度学习模型。

风控引擎强调运用技术，尤其是大数据技术发现业务风险、降低风险管理成本、提升业务效能。作为数字化业务重要的风险管理工具，风控引擎在金融机构应用广泛，在互联网行业覆盖率尚较低。

5.5.2 风控引擎在银行及互联网企业中的作用

之前介绍的 App 加固、设备指纹、验证码都属于单一功能的安全技

术。企业的数字业务面临的风险欺诈手段十分多元，攻击模式很复杂，这就需要企业进行系统的分析和防控。风控引擎通过汇总各方面信息，综合计算分析后给出精确的决策判断，并根据业务需求，协调各个技术和工具进行防控，形成整体的联防联控机制，从而有效防护各类企业数字业务风险。

对于银行来说，风险管理者的目标是减少或消灭金融交易过程中各种可能发生风险事件：例如申请者是否为合法用户？是否可以为该用户发放贷款？贷款额度多少？用户贷款是否违规挪用？贷款后是否如期还款？逾期应采取什么样的措施？等等。在银行的业务流程中，风控引擎发挥如下作用。

- 获客：及时发现并阻断非客户及异常行为，发现并过滤虚假用户，提升营销精准度。
- 贷前：实时发现拦截异常行为和欺诈用户，并根据客户画像和信用评分，进行产品、额度、利率等初步设定等。
- 贷中：对客户偏好、权益、需求等深度分析和关系图谱挖掘，对客户进行精细化管理；并对资金流行、贷款人资金行为、交易往来等及时分析与汇总，及时发现并预警逾期、违约等提前干预。
- 贷后：提供贷后催收策略、贷后维护策略、贷后唤醒、失联、自愈策略等。

对于互联网等行业，风险管理者的目标是防范业务中存在的虚假用户和各类风险操作行为，保护正常用户的合法权益：例如注册登录者是否为正常用户？账户内的操作是否正常？属于正常用户的福利权益是否被盗用？是否有窃取用户账号信息的行为？等等。在互联网行业的业务流程中，风控引擎发挥如下作用。

- 事前：对设备信息、环境信息、行为信息、操作信息、风险欺诈数据等进行逻辑和真伪校验，防范业务风险。
- 事中：基于策略和模型，通过实时分析、实时计算、图计算进行处理，分析记录各类信息和操作，一旦发现异常及时预警。
- 事后：沉淀风险欺诈数据、还原风险经过，并对数据和风险欺诈手段进行分析，同时优化模型和策略。

5.5.3 风控引擎产品介绍

以银行业为例，第一代风控系统基于纯手工操作，主要基于信贷员的经验，以及用户账户存取款记录和线下实地调研，速度慢、时效性差、信息量少，在判断上主观性强；银行业电子化的发展推动了第二代风控系统的出现，作为信贷、支付等系统的一部分，第二代风控系统主要基于专家经验和规则，在决策效率上有所提升。如果对风控规则、经验进行升级则需要升级整个业务系统。

针对第二代风控系统存在的问题，第三代风控独立出来，成为单独的风控系统，除了包含规则和经验外，更集成策略和外部设备信息，不过信息维度单一的问题一直未得到有效弥补。随着移动互联网的普及，以及大数据、人工智能技术的广泛使用，第四代智能风控系统出现，该风控系统不仅集成规则、经验、策略、外部设备信息，聚合内外部数据，更可以根据业务场景进行专属化建模。

目前，提供风控引擎产品的企业有很多。以顶象 Dinsight 风控引擎为例（如图 5-8 所示），该风控引擎对业务前端发送的请求进行风险判断，并于毫秒内返回决策结果（如正常请求、风险请求），以提升业务系统对风险的防控能力。同时通过可视化数据还原风险行为，为业务人员提供风险防控数据依据，满足营销活动、支付下单、贷款申请等不同业务场景的需求。

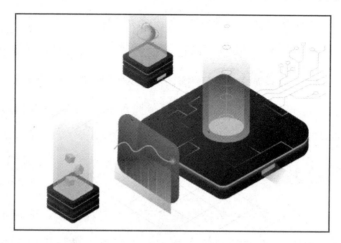

图 5-8 顶象 Dinsight 风控引擎后台

如图 5-9 所示，是顶象 Dinsight 风控引擎应用在防范虚机账号风险、防范盗号风险的场景中。

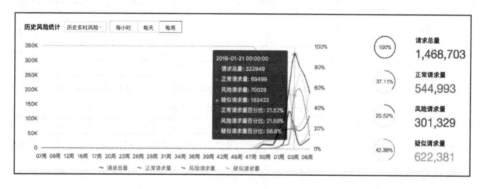

图 5-9 顶象 Dinsight 风控引擎的应用

顶象 Dinsight 风控引擎有私有化和 SaaS 两个不同版本，满足不同企业不同业务的选择。综合来看，顶象 Dinsight 风控引擎具有以下优势。

- 实时流处理：复杂逻辑的平均处理速度仅需 20 毫秒。
- 聚合数据引擎：聚合反欺诈与风控数据，支持多方数据的配置化接入与沉淀，能够进行图形化配置，并快速应用于复杂策略与模型。
- **智能更迭升级**：基于成熟指标、策略、模型的经验储备，以及深度学习技术，实现风控自我性能监控与自我迭代的机制。
- **集成专家策略**：基于系统+数据接入+指标库+策略体系+专家实施的实战经验，拥有多年业务反欺诈的对抗经验积累。
- **灵活应用模式**：支持对现有风控流程的并行监测、替换升级，也可为新业务构建专用风控平台。
- **快速响应能力**：本地化的部署方案，分钟级策略/模型上线。

以某企业防控虚假账号为例。该企业日常账号注册中，正常请求量百分比为 80.47%，只有 19.53% 的请求量被系统识别为有风险的请求；在接入顶象 Dinsight 风控引擎之后，正常请求量下降到了 21.52%，即实际占比高达 78.48% 的虚假账号被顶象 Dinsight 风控识别了出来。

5.6 模型——建立专属的风险防范模型

5.6.1 什么是模型

模型是基于对目标群体的大规模采样或大数据分析，挖掘出的某个实际问题或客观事物的现象本质及运行规律，利用抽象的概念分析存在的问题或风险，计算推演出减轻、防范问题或风险的对策过程，并形成一套体系化的策略或规则集。建模是一个很复杂的过程。

5.6.2 模型的分类

通过模型可以防控业务风险，优化业务逻辑、关系和流程，提升业务效率，建立标准化的防控体系。与业务安全相关的模型主要有以下几类，如图 5-10 所示。

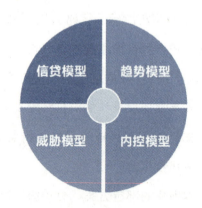

图 5-10 业务安全相关的几类模型

- **信贷模型**：通过金融机构的存贷交易等各项数据构建的信贷模型，可用于防范各类业务风险欺诈，评估用户还款能力和还款意愿，保障资金安全。
- **内控模型**：内控模型能够自动识别内部人员违规操作、可疑操作、利益寻租等行为。
- **趋势模型**：预测或预报实际系统的某些状态以及未来发展趋势。趋势模型的预测或预报基于事物发展过程的连贯性，例如业务风险预测、气象预报。
- **威胁模型**：使用抽象的概念来分析可能存在或出现的风险，并减轻或降低风险威胁的对策过程，可用于防范各类业务欺诈。

5.6.3 建模平台介绍

一个模型建设需要几个或十几个专业开发人员，耗费几个月乃至大半年时间才能够完成。如果有新的数据及样本要更新，就需要对模型重新计

第 5 章　见招拆招——七种技术手段防范风险

算分析，因此模型建设的时间比较长，成本比较高。大多数企业并不具备独立建设模型的能力，通常会委托第三方机构帮助其建立模型或者直接使用一些通用的标准模型。

此外，由于各家公司的业务场景不同，流程标准和需求目标有差异，直接使用通用标准模型往往不尽如人意。例如，A 模型在 A 机构比较有效，B 机构拿去使用后却达不到预期效果。这并非 A 模型不够好，而是 B 机构的业务与 A 机构存在差异，直接套用并不匹配。所以不同的企业需要基于本身业务场景和需求构建专属的模型。

除了人工建模外，市面上也有基于人工智能技术的建模产品，如顶象的 Xintell 智能模型平台。

顶象 Xintell 智能模型平台提供从数据处理、特征衍生、模型构建到最终模型上线的一站式建模服务，将复杂的数据处理、挖掘、机器学习过程标准化，结合拖拉拽式操作大幅降低建模门槛，大幅提升建模工程师、数据科学家的工作效率，让运营人员和业务人员也能直接上手操作实践，为企业提供大数据的模型训练，在业务风控、精准营销、客户分群等场景中提供模型支持。

以威胁模型为例。威胁模型可以帮助系统的构建者找出最适合系统和业务场景的风险解决方案。其建设过程主要分为三步：在预设场景下，基于业务特征、真实用例以及所用的产品，通过图表化展现业务和系统、定位威胁的攻击位置；然后，借助特定的模型和方法来发现威胁，并对发现的威胁进行评级，优先处理攻击难度高并且危害程度大的威胁；最后进行测试，对威胁的发现、防御和有效处理效果等进行评估。威胁模型可用于航旅、互联网、零售等多个行业，提升业务的安全性。

5.7 知识图谱——挖掘未知风险与潜在隐患

5.7.1 什么是知识图谱

知识图谱就是基于大数据、人工智能等信息技术以及图形学、计量学等理论，用可视化图谱构建和描绘出目标业务、知识或群组的相互联系。知识图谱把所有不同种类的信息以一定逻辑连接在一起得到一个关系网络，可以用来描述真实世界中存在的各种实体和概念，以及它们之间的关联关系。知识图谱不仅能够挖掘、发现、预警、防控各类风险欺诈，还能够帮助企业进行客户精准画像，提升业务体验，知识图谱如图 5-11 所示。

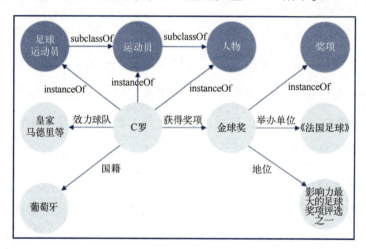

图 5-11 知识图谱

5.7.2 知识图谱的发展

1. 知识图谱的发展历程

知识图谱起源于 20 世纪 70 年代的专家系统和知识工程。从知识工程的提出之日起，学术界和工业界就相继推出了一系列知识库。直到 2012

第 5 章　见招拆招——七种技术手段防范风险

年，Google 推出了面向互联网搜索的大规模知识图谱，之后知识图谱技术得到了日益广泛的应用。知识图谱发展脉络如下。

- **传统知识工程**：传统知识工程所能解决的问题普遍具有规则明确、应用封闭的特点，概括而言都是简单问题，需要借助大量的人力参与。
- **大数据知识工程**：相对于依赖专家的知识获取方式，数据驱动的知识获取方式是一种典型的自下而上的做法。大数据解决了知识自动化获取的数据规模和算力问题，但是仍然无法解决机器具备认知能力的问题，同时无法让计算机自我解释。并且随着数据量的增长，机器的能力会遇到一定的发展瓶颈。
- **知识图谱**：数据驱动的方法单纯利用词频等文本统计特征，很难有效解决知识密集型的实际任务。实际应用越来越需要将数据驱动和知识引导相结合，于是知识图谱应运而生。

2．知识图谱的应用领域

目前，知识图谱在众多领域得到广泛应用。

（1）Google 综合知识图谱

Google 的核心业务是为人们提供所有问题的正确答案，为的是让用户能够更快、更简单地发现新的信息和知识。为了做到这一点，Google 不仅会提供最接近搜索项的结果，还会通过在数据之间建立更广泛的连接，以知识图谱作为辅助，洞察用户查询背后的语义信息，返回更为精准和结构化的信息，更大可能地满足用户的查询需求。不管用户搜索的关键词是代表了地标、名人、城市、球队名、电影、专业词语，还是一种菜的做法，Google 的"知识图谱"都可以将搜索结果的知识体系完整地呈现出来，Google 综合知识图谱如图 5-12 所示。

图 5-12　Google 综合知识图谱

（2）阿里巴巴电商认知图谱

阿里巴巴电商认知图谱将用户需求显式地表达成图中的节点，并将这些需求点和电商领域内的商品、类目，电商外部的通用领域知识等关联起来，为商品认知、用户认知和知识认知提供统一的数据基础，并为搜索推荐算法提供新的优化思路和更多的可能性。阿里巴巴的知识图谱示例如图 5-13 所示。

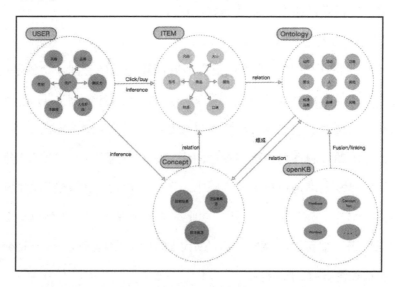

图 5-13　阿里巴巴的知识图谱示例

第 5 章　见招拆招——七种技术手段防范风险

（3）美团餐饮娱乐知识图谱

美团餐饮娱乐通过知识图谱深入理解用户在菜品、价格、服务、环境等方面的喜好，构建人、店、商品、场景之间的知识关联，从而形成一个"知识大脑"。例如，通过图谱可以认知到用户的搜索词是"鱼"，搜索的结果不仅有"糖醋鱼""清蒸鱼"这样的精准结果，还有"赛螃蟹"这样以鱼肉作为主食材的菜品，大大增加了搜索结果的多样性。如图 5-14 所示。

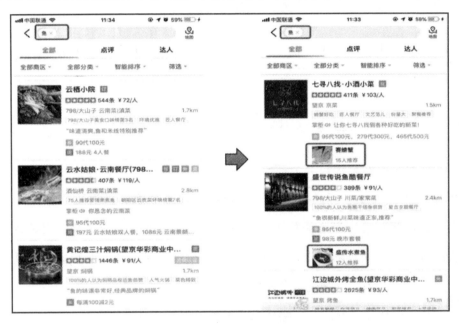

图 5-14　美团的搜索结果示例

（4）顶象零售金融知识图谱

顶象零售金融知识图谱基于业务逻辑构建零售金融本体层知识框架，以用户为中心，跨渠道、跨业务、跨产品、跨场景，建立零售用户全生命周期深度画像、基于关联关系的标签体系，进行深层关联结构的挖掘、解释、监测，并可根据具体需求灵活构建场景应用。是融合大数据、业务经验、和模型洞见等海量信息于一体的知识图谱，能够为金融机构零售部门的存贷汇等业务实现降本提效。顶象零售金融知识图谱如图 5-15 所示。

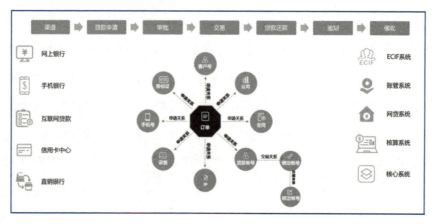

图 5-15　顶象零售金融知识图谱

5.7.3　零售金融知识图谱的构建

顶象关联网络通过充分挖掘企业的数据，基于对具体业务场景、业务逻辑、产品流程、客群特征、风险特点的深度理解，通过应用图数据挖掘、无监督算法、半监督算法、有监督算法等技术，进而结合应用场景、实际操作人员的具体需求，构建各类知识图谱，为多个行业和场景提供反欺诈、精准营销、精细化运营支持。

基于顶象关联网络，只需要七步就能够得到一个零售金融知识图谱。

第一步，数据访谈与宽表（业务主题相关的指标、维度、属性关联在一起的一张数据库表）准备。同企业业务部门、大数据部门进行访谈沟通，了解业务操作流程、数据逻辑、涉及的业务系统，了解输出对应的原始表、表生成逻辑、表更新逻辑（如增量更新、全量更新），确定提取数据的目标范围，并了解企业数据集市现状，是否可复用金融机构现有数据集市。输出访谈文档、项目需求的表清单、数据字典，通知金融机构实施数据治理。

第5章 见招拆招——七种技术手段防范风险

第二步,准备数据。由企业的数据服务商或数据部门配合提供数据。构建知识图谱的数据需要有统一的标准,如果已完成相关数据的治理,并落实到数据集市,直接提供相关数据即可;如果金融机构的数据未构建数据集市但有统一的数据标准,可直接对接业务系统数据库;如果数据无统一标准且未建立数据集市,则需要金融机构完成相关数据治理,再进行相关数据对接。

第三步,知识图谱本体层设计。同业务、数据人员沟通业务需求和数据现状,基于实际需求以及已有的数据,确定实体、属性以及实体间的关系,统一实体、属性、关系的标准表达规范。通过从业务数据中抽象出实体和关系,以关系网络的形式重新组织业务产生的数据,构建复杂的人、设备、手机号码、账号或账户、业务订单和地址等实体之间的关系,并对实体等进行链接。

第四步,数据入库。将按标准化的操作要求整理完成的宽表数据导入到图数据库中。系统根据入库脚本,从宽表中提取知识图谱中的概念、实体、关系、属性等数据,存入图数据库的节点与关系表中。

第五步,图展示与查询。在数据导入图数据库后,可提供交互式的知识图谱查询、展示、操作、分析的能力。可根据需求查询单个节点关联的所有关系,也可基于业务场景,设置场景条件,个性化定制需要展示的节点。

第六步,关联指标输出。知识图谱构建完成后,可基于关联关系和历史数据,通过标准接口的方式,输出和业务相关的深度关联指标,业务系统可调用接口将指标应用于业务场景中。应用指标的具体定义和输出形式,可根据业务部门的具体需求进行相应的定制化调整。

第七步,业务系统图谱嵌入。知识图谱查询界面可嵌入业务系统,根据业务需求对关联指标进行配置和查询分析。如贷前审批系统、贷中审核系统中，查询贷款联系人、担保人、转账情况等，用于辅助业务人员决策。如一度关联网络的涉黑分析、同一个设备在过去30天内关联的账户数超过一定量级、二度关联的贷款担保人的关联图谱展开、在短期内申请多个金融产品、在贷款总金额超过一定量级等。

所谓一度关联就是自己直接联系的人，包含朋友、同学、同事；二度关联就是通过朋友、同学、同事等的关联，把网络拓展到同学、朋友、同事的圈层。以此类推。

零售金融知识图谱的构建通常涉及客户数据、业务数据、设备数据、交易数据等，覆盖零售场景"存、贷、汇"等业务类型，因此需整合金融机构内各业务系统的数据资源，梳理零售业务范畴内所涉及的实体类型和关系类型后设计和构建本体层框架架构，根据框架指引把各类数据资源导入图数据库，并根据业务需求提供可视化展示和查询的模块，根据场景需求配置策略生成和输出关联指标 API，并嵌入业务系统中的制定应用模块。

本章小结

本章主要介绍了防范业务安全风险的技术和产品。产生业务风险的攻击行为攻击的是一个点，但是在防控上需要防一个面，所以单点的防护不现实，需要多个产品组合起来进行联合防控。除了技术防控外，企业本身更要加强自身的安全建设。再好的技术，如果没有专业的团队、科学的流程也不能达到目标。接下来的内容就将介绍如何通过管理手段防范风险。

第 6 章
练好内功——通过管理手段防范风险

企业在开展数字业务的过程中,业务安全与人是密不可分的。在业务安全防控上,除了技术手段之外,管理手段也是重要的一方面。企业必须建立良好的流程规范和明确的章程条例,通过严谨科学的管理体系,保证企业员工既专业又职业,通过练好内功,有效防范企业数字业务面临的安全风险。

本章将详细介绍企业数字业务安全防范中的重要一环:通过管理手段防范风险,具体包括建立全业务、全流程的风险防控体系,形成全员安全意识,建立科学的业务安全管理规范,通过人员行为约束防范风险。

6.1 建立全业务、全流程的风险防控体系

数字时代的风险攻击源头呈现多元化趋势,黑灰产的攻击手段复杂多变,无孔不入,企业数字业务的边界愈加模糊,面临的业务欺诈从设备端

到交易端，覆盖整个业务链条。一旦某个点被入侵，企业就有可能遭遇重大损失。传统的、边界式的防护无法适应需求，因为纵然建立了一条貌似安全的防线，也可被"敌军"采用迂回战术绕过而功亏一篑。

这就需要企业引入事前预防、事中检测、事后分析的全业务、全流程的业务安全解决方案，构建多层次、全流程、纵深的防控体系，步步为营，层层设防，即使黑灰产入侵进来也只能在可控的范围内造成影响。就好比在城堡周围建设了好几道防御阵地，城堡又分为外城和内城，攻击者必须突破好几层防御才能接触到核心业务，让其攻击成本大大提高，全业务、全流程的业务安全解决方案思路如图6-1所示。

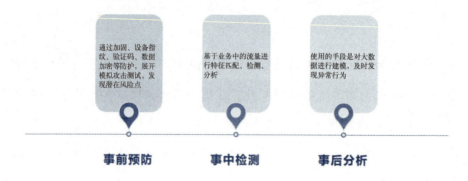

图 6-1　全业务、全流程的业务安全解决方案思路

事前预防、事中检测、事后分析是全业务、全流程的业务安全解决方案的核心思路。通过覆盖业务的全流程、全过程，有效降低业务风险，平衡业务运营与安全管理，让防控更精准高效。

1. 事前预防

事前预防是指通过采取 App 加固，应用设备指纹、验证码，对数据加密等防护措施，增强企业 App 自身的安全性。并根据需要对 App 及企业数字业务展开模拟攻击测试,发现潜在风险点。

2. 事中检测

事中检测是指基于企业数字业务的数据流量进行特征匹配、检测、分析。通过对信息进行搜集、汇总、加工、整合,借助大数据、人工智能、云计算等技术进行分析和处理,进行风险欺诈的预警、发现与控制。

3. 事后分析

事后分析是指对大数据进行建模,及时发现异常行为。通过对海量的大数据收集、分析,挖掘出某个实际问题或客观事物的现象本质及运行规律,利用抽象的概念分析存在的问题或风险,计算推演出减轻、防范问题或风险的对策,并形成一套体系化的策略或规则集,构建不同业务或场景的模型。

基于事前预防、事中检测、事后分析的解决方案构建起来的企业业务全流程的纵深防控体系,具有塔防式防御特点,避免了单点防御工具存在的一破全破的问题,具备多层次的纵深防御能力。不仅能够良好应对各类风险,应对突发威胁,更支持灵活调整和持续升级演进。

6.2 建立全员安全意识

很多人认为安全是为业务服务,安全只是业务的一项配套服务而已,认为安全工作会拖业务的后腿,降低业务效率,这是一种错误的认识。安全是业务的基础,两者相辅相成密不可分。没有安全的保障业务无法正常运转,脱离了业务的安全不能发挥真实价值。所以,安全就是业务的一部分,业务就是安全,企业中的每个人都应该具备这种安全意识,并将安全意识贯彻到具体工作中。

6.2.1 建立全员风险责任意识

在业务安全防控中,与其大量时间进行事后分析,不如在事前预防阶段做好严格把控,形成全员风险责任意识,将风险消除在发生前。

所谓责任是使命的召唤,是能力的体现,是制度的执行。全员责任意识,就是企业全体人员清楚明了地知道什么是自己的职责,并自觉认真地履行职责,把责任意识贯彻到具体工作行动中去。

责任意识的形成需要从上至下的贯彻、长期不懈的坚持、事无巨细的践行、明确细致的指引、潜移默化的引导,从而使整个团队形成责任意识的思维和行动定式。

在安全领域,关于安全事故、风险、隐患,有以下几个重要的理论和法则。

- 冰山理论:冰山浮出水面的部分仅占总体积的十分之一左右,其余大部分深藏于水下(如图 6-2 所示)。

图 6-2 未知风险在水下

第 6 章 练好内功——通过管理手段防范风险

- **海恩法则**：每一起严重的航空事故背后，必然有近 29 起轻微事故和 300 多起未遂事故先兆，以及 1000 起事故隐患。
- **墨菲定律**：如果坏事有可能发生，不管这种可能性多么小，它总会发生，并引起最大可能的损失。

由上述理论可知，最大的风险不是已经发生的、可见的事故，而是更多潜藏的未知隐患，这些未知隐患可能造成巨大的风险；任何风险的发生都是有预兆，要避免发生严重的事故，就必须力争提前发现事故隐患，并将其扼杀在萌芽状态。这就需要全员都具备风险责任意识，及时发现并排除风险。

全员风险责任意识可以让企业提前发现或挖掘出业务中不合理的业务逻辑或风险的可能性大大提高。具备全员风险责任意识，即便是风险产生了，企业也能够积极运用各类手段从容应对，将风险的影响降到最低。

要建立全员责任意识，需要在管理制度中明确责任，在实际工作中明确行为准则，并通过培训、抽查、奖惩等形式不断进行强化。

6.2.2 建立全员学习意识

在技术不断发展进步的当下，新技术带来的攻击手段花样翻新，这给企业数字业务安全防范带来了前所未有的压力和挑战。企业数字业务安全风险的防范，必须立足长远、着眼未来。

企业应打造学习型组织，建立全员学习意识，与时俱进地学习新知识和新技术，才能更准确、更有效地识别新形势下的新风险，才能更精准地应对风险，从而适应不断变化的内外部环境，实现更有效的风险防范。

企业如何建立全员学习意识？

首先，企业的业务安全人员需要了解安全行业的动态和变化。从国际安全形势、国家安全政策、国内安全动态、安全监管方向、行业安全态势等角度出发，了解最新的安全趋势，从而及时调整自己的工作重点和风险防范重点。把自己的工作代入到宏观大环境中思考，就可以跳出局限性的思维框架，更好地把握和防控关键风险。

其次，企业的业务安全人员需要了解企业业务领域的动态和变化，包括企业所处领域的监管政策、业务趋势、行业动态，学习新的业务模式和架构，更好地适应公司的业务发展。

第三，企业的业务安全人员需要研究学习新技术的发展，并主动引入新的技术、新的工具，结合自身的理解与思考，将创新成果转化到业务应用上，由此更好地应对变化中的业务风险。

知识是无限的，人学习到的知识终归是有限的。学习是一种态度，安全从业者要保持"空杯心态"，随时对自己拥有的知识进行重整，清空过时的，补充新鲜的，保证自己的知识储备总是最新的。

企业可以通过以下方式培养全员的学习意识。

- **知识竞赛**：知识竞赛主要是指以知识问答、知识比拼为主要内容的活动。活动最终或可以给予参赛者某种资格，或者某种奖励，不仅可以普及安全知识，让员工系统和有兴趣地学习，也在一定程度上可以发掘优秀人才。

- **经验分享**：邀请外部安全专家或内部安全专家进行现场演示，为员工提供与安全行业专业人士互动的机会。邀请的行业专家可以通过讲故事分享经验。

- **安全培训**：针对培训对象和培训内容的实际情况，可将线上直播培训、课堂式培训、实际操作培训等多种培训方式相结合进行。

第 6 章　练好内功——通过管理手段防范风险

- **头脑风暴**：头脑风暴就是无限制的自由联想和讨论，其目的在于产生新观念或激发创新设想。团队领导可以在内部会议期间提出一些安全威胁的假象情况，让大家一起讨论。通过倾听讨论，团队领导可以判断团队是否理解他们在保护企业安全方面的责任，并且可以在他们识别问题时提供相应的帮助和培训。
- **安全比赛**：根据企业的自身情况，可在严格限定范围和手段的情况下开展一系列业务安全实战竞赛。比赛可分为攻击者和防御者，攻击者对防御者进行欺诈攻击，而防御者则要进行防控，成功次数最多的攻击者和防控效果最佳的防御者均能获得企业的奖励。

2012 年，国内某知名网络安全公司曾经做过一次内网渗透测试，测试团队轻松进入 CFO 和政府事业负责人等多个高层的计算机，获取邮箱密码、个人照片等。随后，公司颁布了一系列管理制度，内部进行了多次全员安全培训，并定期进行安全抽查，有效提升了全员的风险责任意识。

第一，公司制定了严格的安全规章制度，明确规定账号、密码、办公计算机、无线网络等的安全要求，并将安全规定的执行情况计入部门和个人考核中。

第二，对公司内网强化了安全设置，对外部设备接入和访问进行规范化。例如，来宾登录 Guest 网络需到接待部门申请临时登录账号、严禁内部私搭乱建的 Wi-Fi 热点等。

第三，逐一排查每台办公设备是否合规，例如，是否安装了杀毒软件，是否开启了防护模式、是否设置了开机密码，员工邮箱等各类账号是否设置了足够复杂的密码。

> 第四，以部门为单位，定期举行安全培训，要求全员熟练掌握培训的知识，并将安全须知做成招贴、海报，张贴至办公室、食堂、休息室等办公空间。
>
> 第五，不定期进行抽查或安全测试，发现存在问题的设备。
>
> 第六，举办内部安全竞赛、培训等活动，各部门均可参加，对优胜者、讲师给予奖励。
>
> 通过以上措施，在极短的时间内，不仅公司每个员工都建立了较强的安全意识，公司的网络安全环境更是大幅改善。

6.3 建立完备的企业业务安全管理体系

"三分技术、七分管理"，管理在安全体系中至关重要。没有良好的管理体系，再好的技术、再好的防控体系、再专业的人才都无法有效地发挥作用。因此，建立完备的安全管理体系是极为必要的。建立健全安全管理体系不但是国家等级保护中的要求，对于越来越广泛开展数字业务的各类企业来讲，更是十分迫切的现实需求。建立完备的企业业务安全管理体系，包括两方面：首先是建立完善的安全管理组织架构；其次是建立健全安全管理制度。

6.3.1 建立完善的安全管理组织架构

企业的业务安全管理组织架构应该是系统性的、严谨的、不断创新且符合企业实际发展需求的，必须具有明确的战略目标和严密的组织架构，切实可行的激励机制，以及有效的执行策略，某企业的安全管理组织架构如图 6-3 所示。

第 6 章 练好内功——通过管理手段防范风险

图 6-3 某企业的安全管理组织架构

综合来说，一个具备较为合理的安全管理组织架构的企业，应考虑做到以下几个方面。

- 设立安全管理机构委员会，在岗位、人员、授权、沟通、检查各个环节进行决策、管理和监督，委员会由公司高层负责，成员包括各部门负责人。
- 制定规范，明确安全管理机构各个部门和岗位的职责、分工以及技能要求，并建立严格的授权与审批制度。
- 建立网络信息安全投诉、举报制度，公布投诉、举报方式，及时受理并处理有关业务安全、业务欺诈、业务漏洞的投诉和举报。
- 定期进行全面的安全检查，特别是系统日常运行的安全检查、业务欺诈分析等。
- 根据基本安全规范制定人员录用、离岗、考核、培训的管理规定，并严格执行。
- 严格规定外部人员访问流程，并严格执行。

6.3.2 建立健全安全管理制度

管理是项非常复杂与烦琐的动态过程，没有一成不变的管理模式，但是有可遵循的管理规律。安全管理制度是指安全管理机构和安全管理岗位要遵循的规范，由一系列相应的职责文件构成，用于明确安全管理机构和安全管理负责人的职责，落实安全保护责任。

建立健全安全管理制度包括以下几方面。

- 根据安全管理制度的基本要求制定各类管理规定、管理办法和暂行规定。从安全策略主文档中规定的、各个方面所应遵守的原则方法和指导性策略引出的具体管理规定、管理办法和实施办法，应是具有可操作性，且必须得到有效推行的制度。
- 安全文件要有严格的制定与发布流程、方式、范围，需要统一格式并进行有效的版本控制。安全文件的发布需要正式、有效，并注明发布范围，对收发文进行登记。安全文件要建立信息发布、变更、审批等流程和规范，确保制度的有效性。
- 安全小组定期组织相关部门和相关人员对安全管理制度体系的合理性和适用性进行审定，定期或不定期地对安全管理制度进行评审和修订，并及时进行改进。

6.4 通过人员行为约束防范风险

人是技术的开发者、使用者，是规范的制定者，也是最容易被忽略的风险点。解决了人的问题也就很大程度上解决了安全的问题。如果业务安全人员不合格，如果没有科学的管理规范和强有力的制度约束，那么建立再好的风险防御体系也会功亏一篑。人在整个业务安全管理工作中既是管理的主体也是管理的客体，具有双重身份，人的管理在业务安全体系中尤为重要。必须通过人员行为约束防范风险。

6.4.1 通过日常规范约束违规行为

建立日常安全规范，约束人员的违规行为既可堵住潜在的安全漏洞，又能普及安全意识。

- 对人员的录用、离岗、考核、培训、安全意识教育等方面应通过制度和操作程序加以明确，并对违反业务安全要求的相关人员进行惩罚。
- 根据可信雇员管理策略对所有人员进行安全背景审查、可信度鉴别和聘用，并签署安全保密协议；对人员离职需要有严格的管理程序，及时取消相应权限、清理物品并完成相关工作交接。
- 将安全管理规范执行情况纳入日常绩效考核，定期对全体人员进行网络安全教育、技术培训和技能考核。

6.4.2 通过零信任安全约束操作行为

零信任带来的不是一个新技术、新产品或新方案，而是通过升级网络安全的底层逻辑，让很多安全技术、产品和方案在新环境下重生，让安全治理能更加接近人性本身。

零信任主张将企业网络里基于账号、IP 地址或物理位置的静态信任边界，升级为基于可信身份和可信行为的动态信任边界。信任问题是网络安全的核心问题，零信任的安全主张让网络中的信任逻辑更加接近人类社会中的现实情况。

零信任提出了一种抽象和集中化访问机制的方法。它基于人员及其设备的身份以及其他属性和上下文（如时间/日期、地理位置和设备姿态）授予访问权限，并自适应地提供当时所需的适当信任。其结果是一个更具弹性的环境，具有更好的灵活性和更好的监控，满足寻求更灵活、更具响应性的方式与数字业务生态系统、远程工作者、合作伙伴进行连接和协作的组织及个人的需求。

零信任的核心思想可以概括为：网络边界内外的任何访问主体（人/设备/应用），在未经过验证前都不予信任，需要基于持续的验证和授权建立动态访问信任，其本质是以身份为中心进行访问控制。零信任下，实现员工的可信识别，实现受控设备可信识别，完成受控设备的合规和安全管理，保证合法的用户基于合法的受控制设备通过合法的应用和进程，发起对客体合法的访问。

综合来看，零信任安全为企业提供以下保障措施。

- 办公应用不会暴露在公网：所有对企业应用或服务的域名访问都通过访问代理。由访问代理集中进行认证、授权和对访问请求的转发。
- 办公网络边界消失：无论员工在哪里办公，在任何地方联网，所有对企业应用或服务的访问请求，都必须经过访问代理组件的认证和授权。
- 基于认证的精准访问：只有存在于公司的设备清单数据库组件中的并且必须在群组数据库组件中存在的受控设备才能通过认证；经过信任推断组件的计算后才能获得相应的授权。
- 严格授予访问权限：员工的设备获得授权仅仅是对特定应用的访问，以防止非法设备进入网络。
- 提供网络通信的加密：员工设备到访问代理之间经过 TLS（安全传输层协议）加密，以防止被劫持、拦截、窃取。

> Google 是业界第一个将零信任架构模型落地实践的公司，BeyondCorp 项目对外部公共网络和本地网络的设备在默认情况下都不会授予任何特权，用户无论在哪里，无论什么时间，只有使用通过受控设

备、通过身份认证,且符合"访问控制引擎"中的策略要求,通过专用访问代理才能访问特定的公司内部资源。总之,零信任安全为了构建一套基于零信任的完整身份访问安全体系,应聚合人员、设备、程序等主体的数字身份、认证因素和 IT 服务资源属性、环境属性、数据资源安全属性等数据,结合访问控制策略数据,形成统一身份数据视图,BeyondCorp 零信任安全架构如图 6-4 所示。

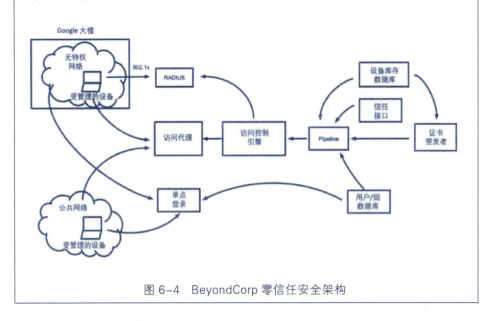

图 6-4 BeyondCorp 零信任安全架构

规章制度是对操作的约束,有时会让人觉得不自由,很多人会忽视或不按规章制度来执行。通过零信任安全的强制约束,能够弥补人的故意或无意的行为漏洞,从而能够保障企业的业务安全。

6.5 监管部门制定的规范与标准

随着政府和企业对于数字业务安全风险防范的重视,监管部门出台了一系列规范标准,保障企业的数字业务安全,保护用户的合法权益。这些规范与标准，一方面为当前企业数字业务安全风险防范工作提供了规范，另一方面也为企业长远发展奠定了基础。

中国人民银行、银保监会等监管部门陆续出台发布了多项关于企业数字业务安全的标准和规范，并通过一系列举措推进这些规范及标准的落地实施。

6.5.1 《金融科技（FinTech）发展规划（2019—2021 年）》

2019 年 8 月，中国人民银行印发《金融科技（FinTech）发展规划（2019-2021 年）》，明确提出未来三年金融科技工作的指导思想、基本原则、发展目标、重点任务和保障措施，规划文件如图 6-5 所示。

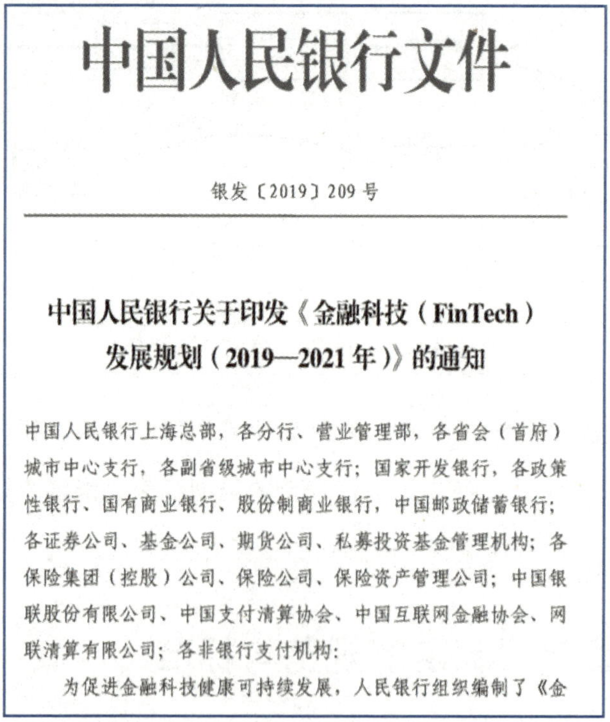

中国人民银行文件

银发〔2019〕209 号

中国人民银行关于印发《金融科技（FinTech）发展规划（2019—2021 年）》的通知

中国人民银行上海总部，各分行、营业管理部，各省会（首府）城市中心支行，各副省级城市中心支行；国家开发银行，各政策性银行、国有商业银行、股份制商业银行，中国邮政储蓄银行；各证券公司、基金公司、期货公司、私募投资基金管理机构；各保险集团（控股）公司、保险公司、保险资产管理公司；中国银联股份有限公司、中国支付清算协会、中国互联网金融协会、网联清算有限公司；各非银行支付机构：

为促进金融科技健康可持续发展，人民银行组织编制了《金

图 6-5 《金融科技（FinTech）发展规划（2019-2021 年）》

第6章 练好内功——通过管理手段防范风险

《规划》确定了六个方面的重点任务。

一是加强金融科技战略部署，从长远视角加强顶层设计，把握金融科技发展态势，做好统筹规划、体制机制优化、人才队伍建设等工作。

二是强化金融科技合理应用，以重点突破带动全局发展，规范关键共性技术的选型、能力建设、应用场景以及安全管控，全面提升金融科技应用水平，将金融科技打造成为金融高质量发展的"新引擎"。

三是赋能金融服务提质增效，合理运用金融科技手段丰富服务渠道、完善产品供给、降低服务成本、优化融资服务，提升金融服务质量与效率，使金融科技创新成果更好地惠及百姓民生，推动实体经济健康可持续发展。

四是增强金融风险技防能力，正确处理安全与发展的关系，运用金融科技提升跨市场、跨业态、跨区域金融风险的识别、预警和处置能力，加强网络安全风险管控和金融信息保护，做好新技术应用风险防范，坚决守住不发生系统性金融风险的底线。

五是强化金融科技监管，建立健全监管基本规则体系，加快推进监管基本规则拟订、监测分析和评估工作，探索金融科技创新管理机制，服务金融业综合统计，增强金融监管的专业性、统一性和穿透性。

六是夯实金融科技基础支撑，持续完善金融科技产业生态，优化产业治理体系，从技术攻关、法规建设、信用服务、标准规范、消费者保护等方面支撑金融科技健康有序发展。

数字化没有改变金融的本质和风险属性，让金融具有技术性、规模性、草根性、传染性和隐蔽性等特点，这使得风险愈加复杂多样，在监督管理、安全保证和客户隐私保护以及纠纷处理等方面带来了很大的挑战。《金融科技（FinTech）发展规划（2019-2021年）》为金融数字业务安全的技术、防控提供了指导和方向，助力保障金融数字业务安全。

6.5.2 《银行业金融机构数据治理指引》

2018 年 5 月，银保监会印发《银行业金融机构数据治理指引》(以下简称《指引》)，是引导银行业金融机构加强数据治理，提高数据质量，充分发挥数据价值，提升经营管理水平，全面向高质量发展转变而制定的法规。《指引》要求银行业金融机构将数据治理纳入公司治理范畴，并将数据治理情况与公司治理评价和监管评级挂钩，鼓励银行业金融机构开展制度性探索。《指引》文件如图 6-6 所示。

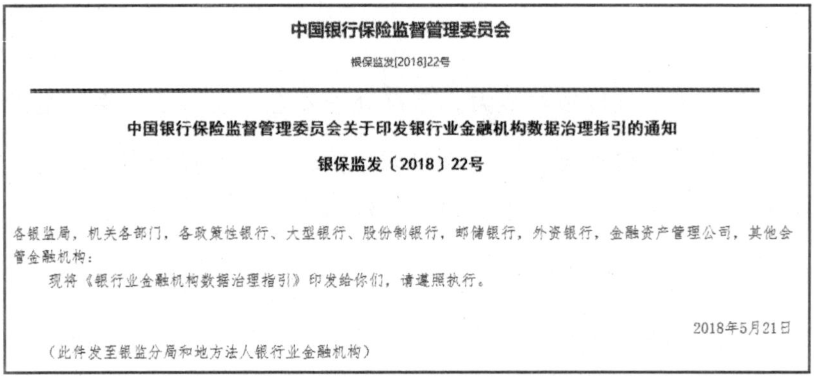
中国银行保险监督管理委员会

银保监发[2018]22号

中国银行保险监督管理委员会关于印发银行业金融机构数据治理指引的通知

银保监发〔2018〕22号

各银监局，机关各部门，各政策性银行、大型银行、股份制银行，邮储银行，外资银行，金融资产管理公司，其他会管金融机构：

现将《银行业金融机构数据治理指引》印发给你们，请遵照执行。

2018年5月21日

（此件发至银监分局和地方法人银行业金融机构）

图 6-6 《银行业金融机构数据治理指引》

《指引》包括总则、数据治理架构、数据管理、数据质量控制、数据价值实现、监督管理和附则等七章，共五十五条。从数据治理架构、数据管理、数据质量控制、数据价值实现、监督管理等方面规范了金融机构的管理活动。

一是要求确保数据治理资源充足配置，明确董事会、监事会和高管层等的职责分工，提出可结合实际情况设立首席数据官。明确牵头部门和业务部门职责，对岗位设置、团队建设和数据文化建设等提出了要求。

二是提出数据管理方面的要求，并明确提出建立自我评估机制，建立问责和激励机制，确保数据管理高效运行。全面强化数据质量要求，建立数据质量控制机制，确保数据的真实性、准确性、连续性、完整性和及时性。《指引》还明确监管数据应纳入数据治理范畴，并在相关条款中提出具体要求。

三是提出银行业金融机构应当将数据应用嵌入到业务经营、风险管理和内部控制的全流程中，有效捕捉风险，优化业务流程，实现数据驱动银行发展。

四是明确了监管机构的监管责任、监管方式和监管要求。对于数据治理不满足有关法律法规和监管规则要求的银行业金融机构，要求其制定整改方案，责令限期改正；或与公司治理评价、监管评级等挂钩；也可依法采取其他相应监管措施及实施行政处罚。

数据是应对风险挑战的关键。金融业是数据密集型行业，在生产经营过程中积累了海量的数据。《指引》为金融数字业务安全应用提供了实践路线。通过金融数据治理工作，可以深挖数据价值、释放数据潜能，加快推进数字化和零售化转型。利用大数据、人工智能等技术，切实增强数据应用能力，提升数据洞察能力和基于场景的数据挖掘能力，让数据发挥应用的价值。

6.5.3 《商业银行互联网贷款管理暂行办法》

2020 年 7 月 12 日，中国银保监会发布《商业银行互联网贷款管理暂行办法》(以下简称《办法》)。《办法》共七章七十条，分别为总则、风险管理体系、风险数据和风险模型管理、信息科技风险管理、贷款合作管理、监督管理和附则,《办法》文件如图 6-7 所示。

>
> | 索 引 号: | 717804719/2020-615 | 主题分类: | 政策法规 |
> | 办文部门: | 法规部 | 发文日期: | 2020-07-12 |
> | 公文名称: | 中国银行保险监督管理委员会令（2020年第9号） | | |
> | 文　号: | 银保监会令[2020]9号 | | |
>
> **中国银行保险监督管理委员会**
>
> 银保监会令[2020]9号
>
> ---
>
> **中国银行保险监督管理委员会令（2020年第9号）**
>
> 《商业银行互联网贷款管理暂行办法》已于2020年4月22日经中国银保监会2020年第4次委务会议通过。现予公布，自公布之日起施行。
>
> 主席　郭树清
>
> 2020年7月12日

图 6-7 《商业银行互联网贷款管理暂行办法》

《办法》要求，商业银行应当对互联网贷款业务实行统一管理，将互联网贷款业务纳入全面风险管理体系，建立健全适应互联网贷款业务特点的风险治理架构、风险管理政策和程序、内部控制和审计体系，有效识别、评估、监测和控制互联网贷款业务风险，确保互联网贷款业务发展与自身风险偏好、风险管理能力相适应。

《办法》为金融机构开展互联网贷款业务提出了标准和要求，为金融数字业务安全提供了具体的方案，对银行客户端、反欺诈、数据和模型架设上提出了具体要求。

- 提升银行客户端的防入侵、防篡改、反编译能力：商业银行应当加强对部署在借款人一方的互联网贷款信息系统客户端程序（包括但不限于浏览器插件程序、桌面客户端程序和移动客户端程序等）的安全加固，提高客户端程序的防攻击、防入侵、防篡改、抗反编译

第6章 练好内功——通过管理手段防范风险

等安全能力。

- **禁止与违规的风险数据源合作**：商业银行进行借款人身份验证、贷前调查、风险评估和授信审查、贷后管理时，应当至少包含借款人姓名、身份证号、联系电话、银行账户以及其他开展风险评估所必需的基本信息。如果需要从合作机构获取借款人风险数据，应通过适当方式确认合作机构的数据来源合法合规、真实有效，并已获得信息主体本人的明确授权。商业银行不得与违规收集和使用个人信息的第三方开展数据合作。同时要求，商业银行不得将风险数据用于从事与贷款业务无关或有损借款人合法权益的活动，不得向第三方提供借款人风险数据。

- **建立实时反欺诈体系**：商业银行应当建立有效的反欺诈机制，实时监测欺诈行为，定期分析欺诈风险变化情况，不断完善反欺诈的模型审核规则和相关技术手段，防范冒充他人身份、恶意骗取银行贷款的行为，保障信贷资金安全。

- **构建自主建模的能力**：商业银行应当合理分配风险模型开发测试、评审、监测、退出等环节的职责和权限，做到分工明确、责任清晰。商业银行不得将上述风险模型的管理职责外包，并应当加强风险模型的保密管理。

- **贷前贷中贷后的全流程防控**：通过合法渠道和手段线上收集、查询和验证借款人相关定性和定量信息，加强贷前审查；通过构建有效的风险评估、授信审批和风险定价模型，加强统一授信管理，运用风险数据，结合借款人已有债务情况，审慎评估借款人还款能力，确定借款人信用等级和授信方案，增强贷中审查力度；通过建立风险监测预警模型，对借款人财务、信用、经营等情况进行监测，设置合理的预警指标与预警触发条件，及时发出预警信号，必要时应通过人工核查作为补充手段，加强贷后管理服务。

6.5.4 《网络小额贷款业务管理暂行办法（征求意见稿）》

2020年11月3日，银保监会、人民银行发布《网络小额贷款业务管理暂行办法（征求意见稿）》（以下简称《征求意见稿》），以规范小额贷款公司网络小额贷款业务，防范网络小额贷款业务风险。

《征求意见稿》规定，经营网络小额贷款业务的小额贷款公司应当使用独立的业务系统，应当符合下列条件：

- 贷款申请、评估、审批、签约、放款、收贷、咨询和投诉等业务可通过该业务系统实现线上操作。
- 具有健全的风险防控体系，包括数据驱动的风控模型、反欺诈系统、风险识别机制、风险监测手段、风险处置措施等，评定和防控客户信用风险主要借助互联网平台内生数据信息。
- 符合网络与信息安全管理要求，具有完善的防火墙、入侵检测、数据加密、应急处置预案以及灾难恢复等网络安全设施和管理制度，保障系统安全稳健运行和各类信息安全。
- 国务院银行业监督管理机构规定的其他条件。

网络贷款具有依托大数据和模型进行风险评估、全流程线上自动运作、无人工或极少人工干预、极速审批放贷等特点。与此同时，网络贷款业务也暴露出风险管理不审慎、金融消费者保护不充分、资金用途监测不到位等问题和风险隐患。将小额贷款额度上限设置为30万元，既能满足各方对消费贷款促消费的诉求，又能有效降低消费贷款资金流入股市楼市的压力，在促进居民消费和控制贷款用途之间取得平衡。对消费类个人信用贷款授信设定限额，不仅有效防范防范居民杠杆率快速上升风险，对过度授信、多头共债、资金用途不合规等问题也有明显遏制。

《征求意见稿》规定，经营网络小额贷款业务的小额贷款公司应当按照有关法律规定开展反洗钱和反恐怖融资工作，并采取客户身份识别、客户身份资料和交易记录保存、大额交易和可疑交易报告等措施，有效防范洗钱和恐怖融资风险。

6.5.5 金融信息保护相关规范

1.《个人金融数据（数据）保护试行办法》

2019年10月，央行向部分银行下发了《个人金融信息（数据）保护试行办法》（以下简称《办法》）。《办法》重点涉及完善征信机制体制建设，对金融机构与第三方之间征信业务活动等进一步做出明确规定，加大对违规采集、使用个人征信信息的惩处力度。对个人金融信息保护进行了规定，包括以保护个人金融信息为核心目标，按个人信息全生命周期，对个人金融信息收集、使用、存储、展示、对外提供、跨境流动的不同应用场景进行了全面细致的规定。

2.《个人金融信息保护技术规范》

2020年2月，金融行业的标准《个人金融信息保护技术规范》发布，该《规范》规定了个人金融信息在收集、传输、存储、使用、删除、销毁等生命周期各环节的安全防护要求，从安全技术和安全管理两个方面，对个人金融信息保护提出了规范性要求，《规范》文本如图6-8所示。

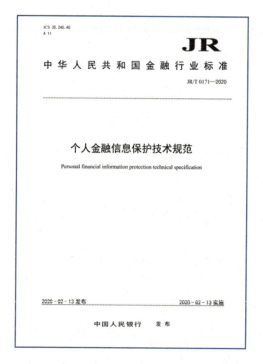

图 6-8 《个人金融信息保护技术规范》

《规范》将个人金融信息按敏感程度、泄露后造成的危害程度，从高到低分为 C3（鉴别信息，如银行账户、登录密码等）、C2（可识别特定主体的信息，如身份证号、用户名、交易流水等）、C1（机构的内部信息，如开户机构等）三个类别，对相关机构建立不同信息保护层级方面提出了更高的要求。

金融领域个人信息具有特殊性，与其他个人信息相比，其与个人的资产、信用状况等高度相关，很多机构、组织和个人内部倒卖个人信息，外部利用网络爬虫恶意爬取用户数据，给用户数据安全带来巨大威胁。

《个人金融信息（数据）保护试行办法》《个人金融信息保护技术规范》强化了金融机构加强个人金融信息保护，细化了具体措施，明确规范禁止未授权的数据爬取，防范金融机构、外包机构员工泄露用户个人金融数据，严防个人金融信息在数字业务中被泄露、篡改和滥用，进一步平衡了数字业务与个人信息的安全关系，进一步提升了数字业务的安全。

6.5.6 《网上银行系统信息安全通用规范》（2020 版）

2020 年 2 月，中国人民银行正式发布新版《网上银行系统信息安全通用规范》，防范网上银行系统风险隐患，加强网上银行管理，促进网上银行业务健康发展，有效增强网上银行系统的信息安全防范能力。《规范》涉及网上银行系统的技术、管理和业务运作三个方面，分为基本要求和增强要求两个层次，基本要求为最低安全要求，增强要求为三年内应达到的安全要求。《规范》将作为网上银行系统安全建设、内部信息安全检查和合规性审计的依据，有效防范网上银行系统风险隐患，《规范》文件如图 6-9 所示。

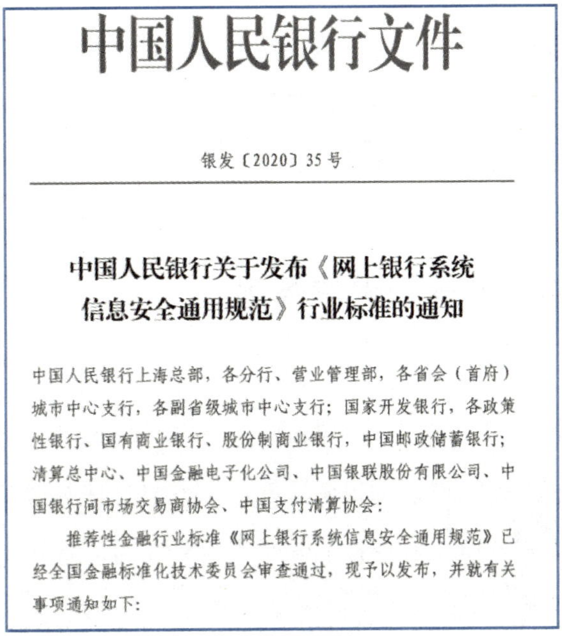

中国人民银行文件

银发〔2020〕35 号

中国人民银行关于发布《网上银行系统信息安全通用规范》行业标准的通知

中国人民银行上海总部，各分行、营业管理部，各省会（首府）城市中心支行，各副省级城市中心支行；国家开发银行，各政策性银行、国有商业银行、股份制商业银行，中国邮政储蓄银行；清算总中心、中国金融电子化公司、中国银联股份有限公司、中国银行间市场交易商协会、中国支付清算协会：

推荐性金融行业标准《网上银行系统信息安全通用规范》已经全国金融标准化技术委员会审查通过，现予以发布，并就有关事项通知如下：

图 6-9 《网上银行系统信息安全通用规范》

该《规范》基于《中国人民银行关于进一步加强银行卡风险管理的通知》《中国人民银行关于加强支付结算管理防范电信网络新型违法犯罪有关

事项的通知》《中国人民银行关于进一步加强支付结算管理防范电信网络新型违法犯罪有关事项的通知》等相关规定，对账户实名制、账户分类管理提出要求，保持与历史建设成果的统一性，避免了重复投入的问题。在建设方面，明确要求网上银行系统应按照网络安全等级保护第三级安全要求进行建设与运维管理。增加对数据安全、业务连续性的要求，加入条码支付、生物特征、短信验证码、云计算、虚拟化安全等安全标准规范，为银行在使用新技术建设网上银行提供了安全参考。

《网上银行系统信息安全通用规范》针对金融机构业数字场景制定了规范标准，在业务的交易流程、交易监控等方面进行了全面的扩充，并重点提到通过交易行为分析、机器学习等技术不断优化风险评估模型，结合生物探针、相关客户行为分析等手段，建立并完善反欺诈规则，实时分析交易数据，根据风险高低产生报警信息，实现欺诈行为的侦测、识别、预警和记录，提高欺诈交易拦截成功率，切实提升交易安全防护能力，进一步保障业务安全。

6.5.7 《网络安全等级保护条例》

2019 年 12 月 1 日，《网络安全等级保护制度 2.0 标准》（以下简称《等保 2.0》）实施。安全等级保护制度是国家信息安全保障工作的基础。通过开展等级保护工作，可以发现企业网络和信息系统与国家安全标准之间存在的差距，找到目前系统存在的安全隐患和不足，通过安全整改，提高信息系统的信息安全防护能力，降低系统遭受攻击的风险。

《等保 2.0》有三个标准：《信息安全技术网络安全等级保护基本要求》《信息安全技术网络安全等级保护测评要求》《信息安全技术网络安全等级保护安全设计技术要求》，注重全方位主动防御、动态防御、整体防控和精准防护，修订了通用安全要求，增加了云计算、物联网、移动互联网、工控系统、大数据等安全扩展要求，这变化的背后是现阶段网络安全的新形势、新变化以及新技术、新应用发展的要求。

《等保 2.0》的核心思想是基于业务流程自身特点，建立"可信、可控、可管"的安全防护体系，使得系统能够按照预期运行，免受信息安全攻击和破坏。指导企业构建专属的数字业务安全防控体系，有效防范业务安全风险威胁，有力处置重大业务风险事件，切实保护企业业务和用户权益。

6.5.8 保障 App 安全的管理规范

1. 针对金融类 App 安全管理的规范

针对金融类 App 存在的相关问题，监管部门已有所行动。中国人民银行此前就下发了《移动金融客户端应用软件安全管理规范》（以下简称《规范》），要求加强移动金融客户端应用软件安全管理，并提出了五项相关工作实施要求。

第一，各金融机构应严格按照《规范》要求，加强客户端软件设计、开发、发布、维护等环节的安全管理。

第二，各金融机构应严格按照《规范》要求，要采取有效措施加强客户端软件个人金融信息保护，使用个人金融信息时应遵循合法、正当、必要的原则。同时，采取数据加密、访问控制、安全传输、签名认证等措施，防止个人金融信息在传输、储存、使用等过程被非法窃取、泄露或篡改。

第三，各金融机构要建立健全客户端软件风险监测管理机制；中国互联网金融协会等应会同金融机构建立健全风险信息共享机制。

第四，各金融机构、中国互联网金融协会等要按照金融消费者权益保护相关规定，完善客户端软件投诉处理机制，规范受理渠道和办理流程，及时处理投诉机制。

第五，中国互联网金融协会要加强客户端软件行业自律管理，制定行业公约。

2. 针对App安全和信息收集的规范

2019年12月，国家互联网信息办公室、工业和信息化部、公安部、市场监管总局联合制定了《App违法违规收集使用个人信息行为认定方法》。该认定方法分为六大类共三十一条，在"未公开收集使用规则"，"未明示收集使用个人信息的目的、方式和范围"，"未经用户同意收集使用个人信息"，"违反必要原则、收集与其提供的服务无关的个人信息"，"未经同意向他人提供个人信息，未按法律规定提供删除或更正个人信息功能"或"未公布投诉、举报方式等信息"方面列出了详细的标准，以界定了App是否存在违法违规收集使用个人信息行为，为App运营者自查自纠和网民社会监督提供指引。

2020年4月，全国信息安全标准化技术委员会秘书处组织编制了《网络安全标准实践指南——移动互联网应用程序（App）收集使用个人信息自评估指南》。该指南是在《App违法违规收集使用个人信息自评估指南》的基础上，依据《网络安全法》等法律法规要求，参照《App违法违规收集使用个人信息行为认定方法》和相关国家标准，结合检测评估工作经验归纳总结出来的，以帮助App运营者提供自身的个人信息保护水平。

征求意见稿共有六个评估点，分别为是否公开收集规则，是否明示收集使用目的、方式和范围，是否征得用户同意，是否遵循必要原则，仅收集与提供的服务直接相关的个人信息，是否未经同意向他人提供个人信息，以及是否按法律规定提供删除或更正个人信息功能，或公布投诉、举

第 6 章 练好内功——通过管理手段防范风险

报方式等信息。

2020 年 7 月，工业和信息化部发布《关于开展纵深推进 App 侵害用户权益专项整治行动的通知》，提出四方面十项要求。工业和信息化部组织中国信息通信研究院、电信终端产业协会（TAF），有针对性地制定了《App 用户权益保护测评规范》十项标准；并制定了《App 收集使用个人信息最小必要评估规范》八项系列标准，涉及图片、通信录、设备信息、人脸、位置、录像、软件列表等信息收集使用规范，规范企业收集使用用户个人信息原则。

出台的这一系列文件都是旨在加强移动 App 收集，提升 App 安全能力，保障数字业务平台的应用安全和使用规范，保障企业的数字业务安全和用户的合法权益。

本章小结

世界上没有绝对的安全，一切安全都是相对的。无论做多少防控工作都不可能防范住所有的攻击，无法保证绝对的安全。因此，安全是在业务效益和风险中间做平衡与博弈，实现最大的相对安全效果。

本章介绍了企业如何通过管理、制度、流程、规范等增强全员安全意识，加强人员操作行为管理，强化内部人员专业性，从上至下贯彻进行业务安全建设。此外，还介绍了主管部门发布的政策指导建议、标准规范，为企业的数字业务安全提供了规范标准，为各项业务安全技术和手段提供了具体的指导建议。下一章将系统介绍业务安全方面的法律法规。

本章介绍的规范、标准截至 2020 年 12 月。6.2.1 节部分内容引自《企业安全建设指南：金融行业安全架构与技术实践》。

第 7 章
有理有据——运用法律手段防范风险

除了技术手段和管理手段防范风险之外,法律也是企业有效防范数字业务风险的有力武器。导致各类数字业务风险的产生根源,一是抱有不良企图的人(黑灰产),二是被这些人利用的技术手段。技术本身没有罪过,但是用技术实现各种非法目的的人是需要用法律来约束的。

企业的相关部门应熟悉相关的法律法规,并以它们为有力武器,防范风险,应对风险。具体来说,我国的《电商法》《网络安全法》和《刑法》等可以为网购交易、公平竞争、企业信息安全、网络安全、信用卡安全、贷款资金安全等提供法律保障。

7.1 《电商法》防范网购交易风险

电商行业中存在的刷单炒信等欺诈行为,也是一种不正当的竞争手段,既会对消费者造成误导,影响用户购买选择,还会影响平台和市场管理部门的统计与决策,带来业务经营风险。2019 年实施的《中华人民共和国电子商务法》对相关欺诈行为进行了具体界定和处罚规定，依照相应的法律法规可以有效保障企业的业务经营顺畅开展。

7.1.1 解读《中华人民共和国电子商务法》

商务部电子商务司发布的《中国电子商务报告 2019》显示，2019年，全国电子商务交易额达 34.81 万亿元，其中网上零售额 10.63 万亿元，电子商务从业人员达 5125.65 万人。国家统计局数据显示，2019 年实物商品网上零售额为 8.52 万亿元，增长 19.5%，占社会消费品零售总额的比重为 20.7%，对社会消费品零售总额增长的贡献率达 45.6%。

2019 年 1 月正式实施的《中华人民共和国电子商务法》（如图 7-1 所示，以下简称《电商法》），意味着我国电商行业进入有法可依的时代，为规范行业发展迈出重要一步。

图 7-1 《中华人民共和国电子商务法》（图片来自网络）

第一，《电商法》的出台是对整个电子商务行业规则的重塑，不仅对商家的行为做出规范，还明确了电商平台应有的责任和义务，保障消费者的合法权益。

第二，电商平台普遍存在刷单炒信的现象，这一现象是对消费者知情权的侵犯，对其他合法合规经营的商家构成不正当竞争，《电商法》可以对进行刷单炒信的黑灰产进行有效遏制。

第三，《电商法》对网店经营者做出了相关要求，网店应当全面、真实、准确、及时地披露商品或服务的具体信息、消费评价、押金退还方式，确保消费者的知情权和选择权。

《电商法》中针对刷单炒信的有关条文摘录如下。

第十一条　电子商务经营者应当依法履行纳税义务，并依法享受税收优惠。依照前条规定不需要办理市场主体登记的电子商务经营者在首次纳税义务发生后，应当依照税收征收管理法律、行政法规的规定申请办理税务登记，并如实申报纳税。

第十七条　电子商务经营者应当全面、真实、准确、及时地披露商品或者服务信息，保障消费者的知情权和选择权。电子商务经营者不得以虚构交易、编造用户评价等方式进行虚假或者引人误解的商业宣传，欺骗、误导消费者。

第二十八条　电子商务平台经营者应当按照规定向市场监督管理部门报送平台内经营者的身份信息，提示未办理市场主体登记的经营者依法办理登记，并配合市场监督管理部门，针对电子商务的特点，为应当办理市场主体登记的经营者办理登记提供便利。电子商务平台经营者应当依照税收征收管理法律、行政法规的规定，向税务部门报送平台内经营者的身份信息和与纳税有关的信息，并应当提示依照本法第十条规定不需要办理市场主体登记的电子商务经营者依照本法第十一条第二款的规定办理税务登记。

刷单伪造交易、伪造评论，是一种赤裸裸的造假行为，侵害了消费者知情权、选择权、公平交易权和安全保障权。《电商法》第十七条明文规定了电商平台、网店经营者应全面、真实、准确、及时地披露商品或者服务信息。不得擅自删除差评，更不得以伪造交易、诱导消费者进行好评、甚至直接编造消费者好评，欺骗、误导消费者。

由于电子商务的一切交易均基于互联网，订单、交易的隐蔽性、匿名性强。《电商法》第二十八条要求，网店经营者必须按照规定向市场监督管理部门报送平台内经营者的身份信息，提示未办理市场主体登记的经营者依法办理登记，并配合市场监督管理部门。并且应当依照税收征收管理法律、行政法规的规定申请办理税务登记，并如实申报纳税。按照实际成交额纳税，以防止刷单夸大交易。

7.1.2 《电商法》相关执法案例分析

刷单行为是网店虚构交易，影响了电商平台的数据统计，构成了侵害消费者知情权的行为，而专业组织刷单，从中谋取非法利益的人或组织，则可能涉嫌构成非法经营罪。此外，针对网店弄虚作假，隐瞒真实交易，也就是俗话说的偷税漏税的行为，《中华人民共和国税收征收管理法》第六十三条有详细规定进行管理和处罚。

以下通过具体案例对电商法进行解读。

1. 刷单"合作"被判无效

2021年，北京市朝阳区人民法院对一起涉及刷单案件的判决，是对刷单行为进行治理一个典型案例。

钮某所在的家具公司经营着一家网店，曾采取自行刷单的方式试图从众多商家中突围，但由于缺乏刷单经验，导致网店屡屡被查。在此情况下，钮某受公司委托，联系北京某电子商务公司法定代表人吴某，吴

> 某承诺可以提供安全的刷单服务，双方遂签订《电子商务代运营服务合作协议》。
>
> 不久后，该网店又连续两次因刷单炒信行为次数多、刷单销售金额高被电商平台查处。随后，钮某提出与该电子商务公司解除合同，吴某便诉至法院，索要50万元违约金。
>
> 北京市朝阳区人民法院最终裁定，原被告双方签署的"合作协议"无效，原告的违约金主张不被支持，且双方的非法获利也被收缴。

该案例中，该电商企业为了吸引消费者购买，雇佣某个黑灰产团伙进行刷单。网店经营者可能发现浏览量和订单量增长不明显或未达预期，于是在一笔刷单交易中，未返还"刷手"购物款和佣金，导致"刷手"与网店反目成仇，从合作伙伴变诉讼对象。

2. 刷单交易中的财物全部被收缴

> 2019年7月，广东省江门市新会区人民法院判决，江门市某贸易有限公司的淘宝店铺从事"刷单"活动，非法提升淘宝店铺的信誉、虚增产品的销量，收缴该公司及余某、梁某从事非法活动的财物合计人民币100000元。
>
> 判决书显示，广东省江门市新会区人民法院在审理原告陈某与被告余某、梁某、江门市某贸易有限公司合同纠纷一案中，查明江门市某贸易有限公司、余某、梁某利用陈某提供的100000元资金，为江门市某贸易有限公司旗下的淘宝店铺从事"刷单"活动，非法提升淘宝店铺的信誉、虚增产品的销量。
>
> 上述行为，违反了《中华人民共和国电子商务法》关于"电子商务经营者从事经营活动，应当遵循自愿、平等、公平、诚信的原则，遵守

> 法律和商业道德，公平参与市场竞争"的规定，严重侵害了消费者的知情权和选择权，扰乱了公平、有序的网络营商环境，损害了社会公共利益，破坏了社会诚信体系，本院依法予以惩处。
>
> 依照《中华人民共和国民法总则》第七条，《中华人民共和国民法通则》第一百三十四条第三款，《中华人民共和国合同法》第五十九条，《中华人民共和国电子商务法》第五条、第十七条以及《最高人民法院关于贯彻执行<中华人民共和国民法通则>若干问题的意见》第 163 条之规定，判决对江门市某贸易有限公司、余某、梁某从事非法活动的财物合计人民币 100000 元，予以收缴，并要求其在收到本决定书之日起十五日内，缴交合计人民币 100000 元。

该案例中，被告公司是一个组织刷单的机构，并通过电子商务平台公开招揽生意。依照相关法律法规，法院对该刷单机构（黑灰产）进行了处罚，并没收了其非法所得。

随着《电商法》的出台即执行力度日趋加大，黑灰产的违法行为会受到相应的制裁，再不能肆意妄为。另一方面，电商经营者还是应该在产品、服务、经营商下功夫，在正规合法推广上投入，急功近利恐"赔了夫人又折兵"。

7.2 《反不正当竞争法》保障公平竞争

各类欺诈行为造成的交易造假、数据造假，严重误导消费者，损害企业的声誉和市场竞争力，不仅危害个人权益，影响企业正常的经营秩序乃至社会经济发展，给企业带来经济损失，更是一种不公平的竞争行为。新修订的《中华人民共和国反不正当竞争法》，将网络黑灰产的欺诈行为纳入规制范围,并给出了明确的处罚措施。能够更有效地对企业数字业务安全提供保障。

7.2.1 解读《中华人民共和国反不正当竞争法》

2017年11月4日,新修订的《中华人民共和国反不正当竞争法》(后简称《反不正当竞争法》如图7-2所示)经全国人大常委会表决通过,2018年1月1日起施行。作为社会主义市场经济法律体系中的一部重要法律,《反不正当竞争法》颁布实施已有20多年。新修订的《反不正当竞争法》,是为了适应我国经济社会发展的变化,针对不正当竞争行为的新情况、新问题,进一步完善相应的条款,有利于规范市场竞争秩序,保护经营者和消费者的合法权益。

《反不正当竞争法》的新修改内容主要涉及以下几方面:一是混淆行为,即"傍名牌",新法进一步明确了混淆行为的概念,将"引人误认"作为核心判断标准,对于擅自使用他人的标识做出了限定,要求该标识在相关领域有一定影响;二是商业贿赂,新法对商业贿赂对象进一步明确,包括交易相对方的工作人员以及受交易相对方委托的单位和个人,还有利用职权和影响力影响交易的单位和个人;三是虚假宣传,新法针对互联网刷单炒信等方面问题做了有针对性的规定;四是侵犯商业秘密,在现有法律基础上特别规定,如果第三人明知或者应当知道商业秘密是另一企业的员工或前员工,以及其他单位或个人通过不正当方式获取的,他再来使用,即属于侵犯商业秘密行为;五是利用互联网技术实施的不正当竞争行为,包括误导、欺骗、强迫用户修改或者卸载他人的合法网络产品的行为等,新法作了进一步规定。

第7章 有理有据——运用法律手段防范风险

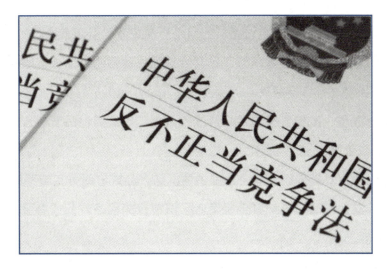

图7-2 《中华人民共和国反不正当竞争法》（图片来自网络）

刷单炒信、刷榜、刷粉、刷阅读量等黑灰产的不法行为，使得评价数据失实，误导消费者，严重损害了平台声誉和市场竞争力。新修订的《反不正当竞争法》，将网络黑灰产纳入规制范围，在补充相关规定的同时，理顺与相关法律的关系，与反垄断法、招标投标法、商标法等法律有力衔接，更有利于打造立体法网。

《反不正当竞争法》中针对刷单、刷榜、刷阅读量的有关条文摘录如下。

第八条　经营者不得对其商品的性能、功能、质量、销售状况、用户评价、曾获荣誉等作虚假或者引人误解的商业宣传，欺骗、误导消费者。经营者不得通过组织虚假交易等方式，帮助其他经营者进行虚假或者引人误解的商业宣传。

第十二条　经营者利用网络从事生产经营活动，应当遵守本法的各项规定。

经营者不得利用技术手段，通过影响用户选择或者其他方式，实施下列妨碍、破坏其他经营者合法提供的网络产品或者服务正常运行的行为：

（一）未经其他经营者同意，在其合法提供的网络产品或者服务中，插入链接、强制进行目标跳转。

（二）误导、欺骗、强迫用户修改、关闭、卸载其他经营者合法提供的网络产品或者服务。

（三）恶意对其他经营者合法提供的网络产品或者服务实施不兼容。

（四）其他妨碍、破坏其他经营者合法提供的网络产品或者服务正常运行的行为。

第二十条　经营者违反本法第八条规定对其商品作虚假或者引人误解的商业宣传，或者通过组织虚假交易等方式帮助其他经营者进行虚假或者引人误解的商业宣传的，由监督检查部门责令停止违法行为，处二十万元以上一百万元以下的罚款；情节严重的，处一百万元以上二百万元以下的罚款，可以吊销营业执照。经营者违反本法第八条规定，属于发布虚假广告的，依照《中华人民共和国广告法》的规定处罚。

《反不正当竞争法》第八条规定，经营者不得通过组织虚假交易等方式，帮助其他经营者进行虚假或者引人误解的商业宣传。除了经营者对自己产品进行虚假宣传将受到处罚外，帮助他人刷单炒信、删除差评、虚构交易等行为也将受到查处，网络水军、职业差评师等不法经营者将受到处罚。同时，第二十条并对第八条的违反者进行了说明。

《反不正当竞争法》第十二条，规定了对利用技术手段在互联网领域实施不正当竞争行为的规制，对规制网络黑灰产具有很强的实践价值和理论意义。

7.2.2 《反不正当竞争法》相关执法案例分析

以下通过具体案例对反不正当竞争法进行解读说明。

第7章 有理有据——运用法律手段防范风险

2020年7月底，重庆市第五中级人民法院对腾讯公司诉数推公司和谭某不正当竞争一案进行公开宣判，认定两被告提供虚假刷量服务行为构成不正当竞争，判决两被告立即停止不正当竞争行为，赔偿腾讯公司经济损失和合理费用支出共计120万元，并刊登声明、消除影响，现判决已生效。

2017年12月25日，谭某开始运营"企鹅代商网"为客户提供虚假刷量服务，后开设了多个关联分网站，均从事有偿刷量、刷单业务。

其间，数推公司及谭某上述网站借助其他网络营销平台，针对腾讯公司旗下网站提供的产品或服务，包括"天天快报""腾讯视频""腾讯微视""QQ空间""QQ名片赞""微信"及"微信公众号"等，或者其他运营商网站的产品或服务，以虚假提高内容信息的点击量、点赞量、浏览量、阅读量、粉丝量为目的，向客户有偿销售并提供虚假刷量服务。

腾讯公司认为，浏览量、点击量既是其提供内容展示、排序的基础，也是其与内容提供者确定合作策略的前提，更是互联网用户选择产品的重要判断因素。以浏览量、点击量、粉丝量等为代表的数据，对互联网公司以及涉及互联网的内容服务提供商、广告商等相关公司都至关重要。数推公司及谭某针对其服务和产品的虚假刷量行为，不仅会导致为产品播放量虚高支付额外的分成或付费，同时也影响到了产品服务的经营策略，甚至虚高或虚假的数据会给用户错误的信息，严重影响用户使用体验。这种扰乱市场竞争秩序、侵害消费者合法权益的行为，如果不加以制止，会导致以数据流量为运行标准的网络市场，从用户到经营者的一系列规则崩溃。遂诉至重庆五中院，要求数推公司及谭某立即停止不正当竞争行为，赔偿其经济损失五百万元及维权合理支出，并刊登声明、消除影响。

重庆五中院经依法审理认为，被告数推公司及谭某针对原告腾讯公司的互联网产品或服务及其内容信息，以及其他互联网经营者的互联网产品或服务，有偿提供虚假刷量服务违背诚实信用原则和商业道德，损害互联网经营者或用户和消费者合法权益。

提供虚假刷量服务行为本身就违背了《反不正当竞争法》第二条诚实信用原则和商业道德的规范，同时也损害了经营者和消费者的合法权益，影响了公平的市场竞争秩序。

根据原国家工商行政管理总局2014年颁发的《网络交易管理办法》第十九条规定，网络商品或服务经营者不得利用网络技术手段或者载体等方式，从事"以虚构交易、删除不利评价等形式，为自己或他人提升商业信誉"等不正当竞争行为。

同理，通过有偿刷量服务提供虚假的数据就是在以非正当的手段制造商业信誉，为自己谋取商机。刷出来的假数据在交易中会成为错误的导向，欺骗经营者和消费者。影响互联网经营者的经营决策，侵害了消费者的知情权和选择权，扰乱了正常公平的市场竞争秩序，破坏了互联网经营者间的良性竞争关系。

法院依照《中华人民共和国反不正当竞争法》第二条，第十二条，第十七条第一款、第三款，《中华人民共和国侵权责任法》第八条、第十五条，以及《中华人民共和国民事诉讼法》第一百四十二条之规定，一审判决如下，被告即便委托其上游利用技术来提供虚假刷量服务行为，其行为也妨碍、破坏了腾讯的网络产品和服务的正常运行，最终判定两被告提供虚假刷量服务的行为构成不正当竞争，须立即停止不正当竞争行为，赔偿腾讯120万元，并在《法制日报》上刊登声明、消除影响。

流量是互联网的生命，数据是互联网经营的重要支撑，而数据的真实性则是互联网行业健康有序发展的基石。花钱买阅读量，这样的作假行为是触犯法律的行为。上述案例比较受关注，其案情中涉及的对互联网虚假刷量的行为直接适用《反不正当竞争法》互联网第十二条，这对于互联网时代企业如何使用《反不正当竞争法》保障自身合法权益具有很强的借鉴意义。

7.3 《网络安全法》保障企业信息安全

个人信息滥用已经成为一种社会公害。《中华人民共和国网络安全法》明确了网络信息安全的责任主体，确立了"谁收集，谁负责"的基本原则，进一步明确了对个人信息保护的要求：网络运营者不得泄露、篡改、毁损其收集的个人信息；未经被收集者同意，不得向他人提供个人信息。

7.3.1 解读《中华人民共和国网络安全法》

2017年6月1日起施行的《中华人民共和国网络安全法》（后简称《网络安全法》，如图7-3所示）是中国建立严格的网络治理指导方针的一个重要里程碑。作为国家网络安全领域的基本法，《网络安全法》为实现网络空间安全、有序发展，保护多方主体权益进行全方位的制度设计，既明确网络运营者等主体严格的网络安全责任，又强调安全与发展并重的基本价值追求，支持网络技术发展和网络安全宣传教育，促进提升国家信息化水平。

《网络安全法》重点针对网络安全等级保护、关键信息基础设施保护、个人信息保护、网络信息内容管理四个方面进行立法。对网络运营者收集、使用公民个人信息的要求，对于已收集的公民个人信息应尽的安全保护义务,以及在发生个人信息泄露等情况时应采取的补救措施和告知报告义务等做了详细的规定。

图7-3 《网络安全法》(图片来自网络)

信息是数据的一部分,数据是数字时代重要的生产资料,高效配置数据是推动数字经济发展的关键一环。数据作为生产要素之一,被正式纳入到国家所定义的要素市场化配置中,已经上升为国家基础性战略资源。因此,数据保护、信息保护至关重要。

《网络安全法》对信息进行了规定:个人信息包括姓名、性别、年龄、身份证号码、电话号码、E-mail地址及家庭住址、婚姻、信仰、职业、工作单位、收入等相对隐私的个人基本信息;设备信息包含所使用的各种计算机终端设备、位置信息、Wi-Fi列表信息、MAC地址、CPU信息、内存信息、SD卡信息、操作系统版本等;账户信息包含网银账号、第三方支付账号、社交账号和重要邮箱账号等;隐私信息包含通讯录信息、通话记录、短信记录、IM应用软件聊天记录、个人视频、照片等;社会关系信息包含好友关系、家庭成员信息、工作单位信息等;网络行为信息主要是指上网行为记录,消费者在网络上的各种活动行为信息,如上网时间、上网地点、输入记录、聊天交友、网站访问行为、网络游戏行为等。

第7章 有理有据——运用法律手段防范风险

《网络安全法》对于信息保护的相关条文摘录如下。

第二十七条 任何个人和组织不得从事非法侵入他人网络、干扰他人网络正常功能、窃取网络数据等危害网络安全的活动；不得提供专门用于从事侵入网络、干扰网络正常功能及防护措施、窃取网络数据等危害网络安全活动的程序、工具；明知他人从事危害网络安全的活动的，不得为其提供技术支持、广告推广、支付结算等帮助。

第四十二条 网络运营者不得泄露、篡改、毁损其收集的个人信息；未经被收集者同意，不得向他人提供个人信息。但是，经过处理无法识别特定个人且不能复原的除外。

网络运营者应当采取技术措施和其他必要措施，确保其收集的个人信息安全，防止信息泄露、毁损、丢失。在发生或者可能发生个人信息泄露、毁损、丢失的情况时，应当立即采取补救措施，按照规定及时告知用户并向有关主管部门报告。

第四十四条 任何个人和组织不得窃取或者以其他非法方式获取个人信息，不得非法出售或者非法向他人提供个人信息。

第四十五条 依法负有网络安全监督管理职责的部门及其工作人员，必须对在履行职责中知悉的个人信息、隐私和商业秘密严格保密，不得泄露、出售或者非法向他人提供。

第四十六条 任何个人和组织应当对其使用网络的行为负责，不得设立用于实施诈骗，传授犯罪方法，制作或者销售违禁物品、管制物品等违法犯罪活动的网站、通讯群组，不得利用网络发布涉及实施诈骗，制作或者销售违禁物品、管制物品以及其他违法犯罪活动的信息。

第六十三条 违反本法第二十七条规定，从事危害网络安全的活动，或者提供专门用于从事危害网络安全活动的程序、工具，或者为他人从事危害网络安全的活动提供技术支持、广告推广、支付结算等帮助，尚不构成犯罪的，由公安机关没收违法所得，处五日以下拘留，可以并处五万元以上五十万元以下罚款；情节较重的，处五日以上十五日以下拘留，可以并处十万元以上一百万元以下罚款。单位有前款行为的，由公安机关没收违法所得，处十万元以上一百万元以下罚款，并对直接负责的主管人员和其他直接责任人员依照前款规定处罚。违反本法第二十七条规定，受到治安管理处罚的人员，五年内不得从事网络安全管理和网络运营关键岗位的工作；受到刑事处罚的人员，终身不得从事网络安全管理和网络运营关键岗位的工作。

第六十四条 网络运营者、网络产品或者服务的提供者违反本法第二十二条第三款、第四十一条至第四十三条规定，侵害个人信息依法得到保护的权利的，由有关主管部门责令改正，可以根据情节单处或者并处警告、没收违法所得、处违法所得一倍以上十倍以下罚款，没有违法所得的，处一百万元以下罚款，对直接负责的主管人员和其他直接责任人员处一万元以上十万元以下罚款；情节严重的，并可以责令暂停相关业务、停业整顿、关闭网站、吊销相关业务许可证或者吊销营业执照。违反本法第四十四条规定，窃取或者以其他非法方式获取、非法出售或者非法向他人提供个人信息，尚不构成犯罪的，由公安机关没收违法所得，并处违法所得一倍以上十倍以下罚款，没有违法所得的，处一百万元以下罚款。

《网络安全法》对利用互联网、技术进行违法行为和处罚有明确规定。第二十七条规定，任何人和组织侵入、干扰他人网络，不得窃取网络数据，更不得为违反行为提供程序、工具等。违反规定的，处十万元以上一百万元以下罚款，并对直接负责的主管人员和其他直接责任人员依照前款规定处罚。违法规定的，对直接负责的主管人员和其他直接责任人员处一

第7章 有理有据——运用法律手段防范风险

万元以上十万元以下罚款；情节严重的，并可以责令暂停相关业务、停业整顿、关闭网站、吊销相关业务许可证或者吊销营业执照等。同时要求任何个人和组织应当使用网络的行为负责，不得设立用于实施诈骗或传授犯罪方法。

《网络安全法》重视对个人信息的保护，对盗窃、转卖、利用个人信息的行为和处罚有明确规定。第四十二条、第四十四条规定，网络运营者有责任保护好收集到的个人信息，不得进行转卖、出售等，一旦发生丢失、损坏需要立即向主管部门报告。《网络安全法》不仅对网络运营者提出具体要求，第四十五条对网络安全运维更有明确要求，负责网络安全的人员必须明确职责，拥有安全意识，严格保护好个人信息、隐私信息等数据，严禁泄密、转售等。

7.3.2 《网络安全法》相关执法案例分析

1．网上倒卖个人信息，十人被判刑

2019年7月，上海宝山公安分局网安支队接到群众举报称，一个叫作"数迈"的网站上，不仅能购买到第一手的公民个人信息，还可以买到房产、金融、母婴等十余种相关的个人信息。经侦查，警方锁定了该网站的经营地址位于广东省深圳市某投资大厦内。通过研判，警方确认这是一个以经营电子商务为名，实际进行侵犯公民个人信息的犯罪团伙。不但有专人负责架设网站和服务器维护，还有人负责收集公民信息和进行推广运营，且涉及的公民个人信息范围很大。

经查，被告人韩某自2019年2月起设立"数迈网"，雇佣被告人杨某负责网站具体运营，黄某为网站客服，为他人进行包括公民个人信息在内的数据交易提供平台，牟取非法利益，并转入其持有的名为"宋福

刚"的中国农业银行卡内。其中，被告人杨某、黄某，与买家和卖家联络，为平台买卖公民个人信息进行推广，并告知买家和卖家网上注册会员流程及付款方式，在买家和卖家之间磋商价格，对卖家上传的信息数据进行审核，并将相应数据存储在网站服务器内，同时备份在公司计算机内。

经勘查，该网站服务器上存有数据条数总计为54,213,470条，含数据的文件162件，经梳理去重，其中含公民个人信息（姓名与手机、身份证、银行卡等至少一项对应）的文件共39件，合计为379,679条，已交易8件，合计30,426条，交易金额共计9,000元，平台获利3,900元，未交易的公民个人信息合计349,253条。被告人黄某任职期间，该网站获取含公民个人信息文件17件，合计170,523条，已交易的公民个人信息合计29,910条，交易金额7,800元，平台获利3,600元，未交易的公民个人信息合计140,613条。

被告人管某作为好科公司软件工程师，为上述网站搭建提供帮助，并在明知网站有买卖公民个人信息的情况下，仍帮助推送关键字搜索。

被告人肖某于2019年3月1日，注册成为"数迈网"会员，并上传其从他人处购买的"TB1W+.xlsx"文件，内含淘宝买家姓名、手机号、收货地址等数据的信息10,977条至网站，欲贩卖牟利。

被告人陈某于2019年2月17日，注册成为"数迈网"会员，并上传其在"瑞虎公司天猫旗舰店"就职时获取的包含淘宝买家姓名、手机号、收货地址等数据的信息5,757条至网站，欲贩卖牟利。

被告人黄某于2019年3月25日，直接将内含银行客户姓名、手机号、身份证号、卡号等数据的信息516条以300元贩卖给杨某。杨某将该数据上传至"数迈网"后，又以400元的价格贩卖给他人。

被告人李某于2019年4月18日，注册成为"数迈网"会员，并上传其从网络上获取的包含婴儿姓名、出生年月、联系方式等数据的母婴信息共31,041条至网站，欲贩卖牟利。

被告人杭某于2019年4月13日，以300元从"数迈网"购买内含公民姓名、手机号、芝麻分等数据的"安逸花"贷款信息200条。另查明，在杭某手机中查获含有公民个人信息的文件72件，含公民个人信息共计10,066条。

被告人姜某于2019年4月6日，注册成为"数迈网"会员，之后于2019年4月19日先后三次，以总价1,050元从"数迈网"购买近20000条手机号码。另查明，姜某从他人处购买内含公民姓名、手机号、收货地址的公民个人信息5,000条又贩卖给他人。

上海市宝山区人民法院认为，上述被告人以牟利为目的，非法提供或者非法获取公民个人信息，侵害了众多消费者的合法权益，损害了社会公共利益，依法应当承担民事侵权责任。侵害了众多消费者的合法权益，损害了社会公共利益，依法应当承担民事侵权责任。《中华人民共和国刑法》《中华人民共和民法总则》《中华人民共和国网络安全法》《中华人民共和国消费者权益保护法》《中华人民共和国侵权责任法》《中华人民共和国民事诉讼法》等判处以上被告人有期徒刑、罚金等。

本案例是非常典型的、窃取并倒卖、转售用户个人信息并牟利的案件。六名被告组成了一个典型的有组织的团伙，分工明确：有的负责搜集个人信息，有的负责网站制作，有的负责平台运营，有的负责信息转售。倒卖个人信息不仅危害个人，也会损害社会公益，对企业数字业务安全带来潜在风险，是危害严重的违法犯罪行为。责任人不仅会被处以罚金，更会受到刑事处罚。

2. 非法获取计算机系统数据，获刑三年

2019年12月，江苏扬州经济技术开发区人民法院判决被告人马某、莫某，未经百度网站授权的情况下，利用"探索云盘搜索"的插件自动抓取用户存储于百度网盘的分享链接的地址和提取码，将该信息收录于自己开发的网站上用于牟利，其犯罪数额已达情节特别严重，俩被告的行为均已构成非法获取计算机信息系统数据罪。分别处以有期徒刑和罚金等处罚。

2017年7月，被告人马某雇佣被告人莫某一同开发"探索云盘搜索"网站，2018年3月份将浏览器插件开发完毕。下载并使用"探索云盘搜索"插件的用户只要登录百度云盘，其中的隐私资源信息就会在用户不知情的情况下被自动抓取并收录，且无须授权同意。2018年2月至2019年7月，被告人马某以充值会员的形式，以每人每月人民币7元、六个月人民币42元、一年人民币84元、永久使用人民币360元的价格在网络上销售该款软件，违法所得人民币80000余元，该插件被下载安装数总计13464人次。2019年5月20日，被害人薛某在使用"探索云盘搜索"时，其存储于百度网盘内的私人照片在其不知情的情况下被该款软件抓取并收录，泄露于网络。

法院认为，马某、莫某违反《网络安全法》第二十七条规定。依照《中华人民共和国刑法》《关于办理危害计算机信息系统安全刑事案件应用法律若干问题的解释》等相关规定，判处马某有期徒刑三年，缓刑四年，并处罚金人民币一万元，判处莫某有期徒刑三年，缓刑三年六个月，并处罚金人民币一万元。

该案件是一个破坏网络计算机系统正常使用的案例，被告开发了违法软件，窃取百度云内用户数据，并进行牟利，不仅损害正常业务，更窃取用户隐私数据。这是典型的不法分子利用技术手段谋取私利的案例，既危害企业业务正常运行，也损害个人用户权益，一经查获，会负刑事责任。违法获利看似轻松，但后果也很严重。

7.4 《刑法》（相关法律条文）保障两类安全

7.4.1 保障网络安全

网络犯罪因为其成本低、传播速度快、传播范围广、隐蔽性高、取证难，一旦发生便会造成难以挽回的巨大损失等特点而具有严重的社会危害性。我国刑法当中明确规定，非法利用信息网络、帮助信息网络犯罪活动的行为构成犯罪。由于刑法中新增相关网络犯罪的定罪量刑标准较为原则，不易把握，另有一些法律适用问题存在认识分歧，影响了案件办理。所以最高人民法院、最高人民检察院出台了《最高人民法院、最高人民检察院关于办理非法利用信息网络、帮助信息网络犯罪活动等刑事案件适用法律若干问题的解释》（以下简称《解释》，如图 7-4 所示）明确了拒不履行信息网络安全管理义务罪、非法利用信息网络罪的入罪标准、帮助信息网络犯罪活动罪的入罪标准，为最大限度地利用刑法打击网络犯罪指明了方向。

1. 保障网络安全的相关刑法法律条文的解读

2019 年 10 月，最高人民法院、最高人民检察院发布《最高人民法院、最高人民检察院关于办理非法利用信息网络、帮助信息网络犯罪活动等刑事案件适用法律若干问题的解释》，2019年11月1日起施行。

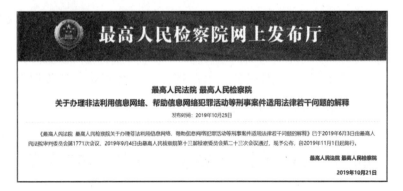

图7-4 《最高人民法院、最高人民检察院关于办理非法利用信息网络、帮助信息网络犯罪活动等刑事案件适用法律若干问题的解释》

《解释》对于网络安全保护的相关条文如下。

第四条 拒不履行信息网络安全管理义务，致使用户信息泄露，具有下列情形之一的，应当认定为刑法第二百八十六条之一第一款第二项规定的"造成严重后果"：

（一）致使泄露行踪轨迹信息、通信内容、征信信息、财产信息五百条以上的。

（二）致使泄露住宿信息、通信记录、健康生理信息、交易信息等其他可能影响人身、财产安全的用户信息五千条以上的。

（三）致使泄露第一项、第二项规定以外的用户信息五万条以上的。

（四）数量虽未达到第一项至第三项规定标准，但是按相应比例折算合计达到有关数量标准的。

（五）造成他人死亡、重伤、精神失常或者被绑架等严重后果的。

（六）造成重大经济损失的。

（七）严重扰乱社会秩序的。

第 7 章 有理有据——运用法律手段防范风险

（八）造成其他严重后果的。

第十一条 为他人实施犯罪提供技术支持或者帮助，具有下列情形之一的，可以认定行为人明知他人利用信息网络实施犯罪，但是有相反证据的除外：

（一）经监管部门告知后仍然实施有关行为的。

（二）接到举报后不履行法定管理职责的。

（三）交易价格或者方式明显异常的。

（四）提供专门用于违法犯罪的程序、工具或者其他技术支持、帮助的。

（五）频繁采用隐蔽上网、加密通信、销毁数据等措施或者使用虚假身份，逃避监管或者规避调查的。

（六）为他人逃避监管或者规避调查提供技术支持、帮助的。

（七）其他足以认定行为人明知的情形。

第十二条 明知他人利用信息网络实施犯罪，为其犯罪提供帮助，具有下列情形之一的，应当认定为刑法第二百八十七条之二第一款规定的"情节严重"：

（一）为三个以上对象提供帮助的。

（二）支付结算金额二十万元以上的。

（三）以投放广告等方式提供资金五万元以上的。

（四）违法所得一万元以上的。

（五）二年内曾因非法利用信息网络、帮助信息网络犯罪活动、危害计算机信息系统安全受过行政处罚，又帮助信息网络犯罪活动的。

（六）被帮助对象实施的犯罪造成严重后果的。

（七）其他情节严重的情形。

实施前款规定的行为，确因客观条件限制无法查证被帮助对象是否达到犯罪的程度，但相关数额总计达到前款第二项至第四项规定标准五倍以上，或者造成特别严重后果的，应当以帮助信息网络犯罪活动罪追究行为人的刑事责任。

情节严重是司法认定的一种方式。该《解释》详细列出违反相关条令的影响、程度、区域、范围等诸多范围。被确定"情节严重"后，判罚相对严格。

该《解释》中对信息安全保护提出了严格量化标准。不仅面向网络运营者和管理者，还包含为他人实施犯罪提供技术支持或者帮助，尤其是明知他人利用信息网络实施犯罪还为其提供帮助的人。一旦违反相关规定均视为"情节严重"。

该《解释》明确了"网络服务提供者"的范围，将提供网络接入、域名注册解析等信息网络接入、计算、存储、传输服务，信息发布、搜索引擎、即时通讯、网络支付等服务的单位和个人都包括在内，对于信息网络犯罪中的行为进行了最大限度的扩张解释。该解释对拒不履行信息网络安全管理义务罪，非法利用信息网络罪和帮助信息网络犯罪活动罪的定罪量刑标准和有关法律适用问题做了全面、系统的规定。

网络违法犯罪活动复杂多变，专业性强，组织链条长，该《解释》强化了与《网络安全法》的衔接，增强了司法的可操作性，为进一步定义网络违法犯罪，防范数字业务安全的黑灰产业链提供更详细的定义与说明。

2. 网络犯罪相关执法案例分析

以下通过具体的网络犯罪案例对《解释》加以说明。

> 近日，碧江区检察院依法对犯罪嫌疑人黄某某涉嫌帮助信息网络犯罪活动一案做出批准逮捕。

第 7 章 有理有据——运用法律手段防范风险

> 2020 年 7 月，犯罪嫌疑人黄某某伙同周某某，利用黄某某本人身份证在中国农业银行、兴业银行、交通银行共办理 4 张银行卡，并将全部银行卡提供给周某某使用。自 2020 年 8 月 3 日以来，二人开设的银行卡账户收到以兼职刷单等各种名义实施诈骗转入资金高达三百万元。

该案例中，两个被捕人员均是为其他实施犯罪的个人提供了工具（银行卡）。为犯罪分子提供技术和工具的上下游（也就是黑灰产业），情节严重者，也同样是违法行为。

7.4.2 保障信用卡安全

随着普惠金融的发展，信用卡业务发展和经营环境也发生着变化，信用卡业务欺诈手段也有了新的变化，黑灰产的业务欺诈手段不断向高科技、集团化、专业化、规模化方向发展，这些违法犯罪行为具有严重的社会危害性，不仅严重扰乱正常的金融管理秩序，而且侵害银行消费信贷资金和持卡人财产，并有可能对国家金融资产安全造成威胁。

伪造信用卡、骗领信用卡、恶意透支、信用卡套现，这四类行为是信用卡遭受最多的业务欺诈手段。为了对相关信用卡犯罪案件中的法律适用问题制定司法解释，并明确相关信用卡犯罪的量刑标准，2009 年 12 月，最高人民法院和最高人民检察院发布的《最高人民法院、最高人民检察院关于办理妨害信用卡管理刑事案件具体应用法律若干问题的解释》（以下简称《解释》，如图 7-5 所示），对违反相关信用卡规定进行了量刑幅度、适用标准等进行了详细说明。2018 年 12 月，最高人民法院和最高人民检察院发布《最高人民法院、最高人民检察院关于修改〈关于办理妨害信用卡管理刑事案件具体应用法律若干问题的解释〉的决定》（以下简称

《决定》），特别对恶意透支信用卡诈骗罪的定罪量刑标准进行了上调。

《解释》和《决定》对相关信用卡犯罪案件中的法律适用问题给出了司法解释，并对相关信用卡犯罪的量刑标准等一系列疑难问题进行了说明。《解释》和《决定》为依法惩治信用卡犯罪活动，维护信用卡管理秩序和持卡人的合法权益，进一步保障金融市场秩序和人民群众的财产安全提供了法律依据，可以有效保障企业数字化业务的顺利开展。

1."两高"对保障信用卡安全的两个司法解释

（1）《最高人民法院、最高人民检察院关于办理妨害信用卡管理刑事案件具体应用法律若干问题的解释》

2009年12月3日，最高人民法院对外发布《最高人民法院、最高人民检察院关于办理妨害信用卡管理刑事案件具体应用法律若干问题的解释》（以下简称《解释》），如图7-5所示。

图7-5 《最高人民法院、最高人民检察院关于办理妨害信用卡管理刑事案件具体应用法律若干问题的解释》

第7章 有理有据——运用法律手段防范风险

《解释》对于信用卡安全的相关条文摘录如下。

第一条 复制他人信用卡、将他人信用卡信息资料写入磁条介质、芯片或者以其他方法伪造信用卡一张以上的，应当认定为刑法第一百七十七条第一款第四项规定的"伪造信用卡"，以伪造金融票证罪定罪处罚。

第二条 明知是伪造的空白信用卡而持有、运输十张以上不满一百张的，应当认定为刑法第一百七十七条之一第一款第一项规定的"数量较大"；非法持有他人信用卡五张以上不满五十张的，应当认定为刑法第一百七十七条之一第一款第二项规定的"数量较大"。

第三条 窃取、收买、非法提供他人信用卡信息资料，足以伪造可进行交易的信用卡，或者足以使他人以信用卡持卡人名义进行交易，涉及信用卡一张以上不满五张的，依照刑法第一百七十七条之一第二款的规定，以窃取、收买、非法提供信用卡信息罪定罪处罚；涉及信用卡五张以上的，应当认定为刑法第一百七十七条之一第一款规定的"数量巨大"。

第四条 为信用卡申请人制作、提供虚假的财产状况、收入、职务等资信证明材料，涉及伪造、变造、买卖国家机关公文、证件、印章，或者涉及伪造公司、企业、事业单位、人民团体印章，应当追究刑事责任的，依照刑法第二百八十条的规定，分别以伪造、变造、买卖国家机关公文、证件、印章罪和伪造公司、企业、事业单位、人民团体印章罪定罪处罚。

第五条 使用伪造的信用卡、以虚假的身份证明骗领的信用卡、作废的信用卡或者冒用他人信用卡，进行信用卡诈骗活动，数额在五千元以上不满五万元的，应当认定为刑法第一百九十六条规定的"数额较大"；数额在五万元以上不满五十万元的，应当认定为刑法第一百九十六条规定的"数额巨大"；数额在五十万元以上的，应当认定为刑法第一百九十六条规定的"数额特别巨大"。

第六条 持卡人以非法占有为目的，超过规定限额或者规定期限透支，经发卡银行两次有效催收后超过三个月仍不归还的，应当认定为刑法第一百九十六条规定的"恶意透支"。

第七条 违反国家规定，使用销售点终端机具（POS机）等方法，以虚构交易、虚开价格、现金退货等方式向信用卡持卡人直接支付现金，情节严重的，应当依据刑法第二百二十五条的规定，以非法经营罪定罪处罚。

第一条明确了伪造金融票证罪中"伪造信用卡"的认定，以及伪造信用卡三个量刑幅度的适用标准；第二条明确了妨害信用卡管理罪的两个量刑幅度的适用标准，以及"使用虚假的身份证明骗领信用卡"的认定；第三条明确了窃取、收买、非法提供信用卡信息罪的两个量刑幅度的适用标准；第四条明确了为信用卡申请人制作、提供虚假资信证明的行为如何定性处理；第五条明确了使用伪造的信用卡、以虚假的身份证明骗领的信用卡、作废的信用卡或者冒用他人信用卡，进行信用卡诈骗犯罪的三个量刑幅度的适用标准，以及"冒用他人信用卡"的认定问题；第六条明确了恶意透支，进行信用卡诈骗犯罪的三个量刑幅度的适用标准，以及"恶意透支"认定处罚的相关问题；第七条明确了使用POS机等方法进行信用卡套现行为如何定性处理。

（2）《最高人民法院、最高人民检察院关于修改〈关于办理妨害信用卡管理刑事案件具体应用法律若干问题的解释〉的决定》

2018年11月28日，最高人民法院对外发布《最高人民法院、最高人民检察院关于修改〈关于办理妨害信用卡管理刑事案件具体应用法律若干问题的解释〉的决定》（如图7-6所示）。修改后的司法解释主要完善信用

第 7 章 有理有据——运用法律手段防范风险

卡"恶意透支"情形的司法认定裁判标准,比较而言,对恶意透支信用卡诈骗罪的定罪量刑标准进行了上调。持卡人以非法占有为目的,超过规定限额或者规定期限透支,经发卡银行两次有效催收后超过三个月仍不归还的,即为刑法规定的"恶意透支"。

图 7-6 《最高人民法院、最高人民检察院关于修改〈关于办理妨害信用卡管理刑事案件具体应用法律若干问题的解释〉的决定》

《解释》对于信用卡保护的相关条文如下。

其中,恶意透支数额在五万元以上不满五十万元的,将被认定为刑法规定的恶意透支信用卡"数额较大";恶意透支数额在五十万元以上不满五百万元的,应当认定为刑法规定的"数额巨大";数额在五百万元以上的,应当认定为刑法规定的"数额特别巨大"。

《刑法》第一百九十六条规定,有下列四种情形之一,进行信用卡诈骗活动:"数额较大"的,处五年以下有期徒刑或者拘役,并处二万元以上二十万元以下罚金;"数额巨大"或者有其他严重情节的,处五年以上十年以下有期徒刑，并处五万元以上五十万元以下罚金；"数额特别巨大"或者有其他特别严重情节的，处十年以上有期徒刑或者无期徒刑，并处五万元以上五十万元以下罚金或者没收财产。

这四种情形是：使用伪造的信用卡，或者使用以虚假的身份证明骗领的信用卡的；使用作废的信用卡的；冒用他人信用卡的；恶意透支的。

将《解释》原第六条修改为：

持卡人以非法占有为目的，超过规定限额或者规定期限透支，经发卡银行两次有效催收后超过三个月仍不归还的，应当认定为刑法第一百九十六条规定的"恶意透支"。

对于是否以非法占有为目的，应当综合持卡人信用记录、还款能力和意愿、申领和透支信用卡的状况、透支资金的用途、透支后的表现、未按规定还款的原因等情节作出判断。不得单纯依据持卡人未按规定还款的事实认定非法占有目的。

具有以下情形之一的，应当认定为刑法第一百九十六条第二款规定的"以非法占有为目的"，但有证据证明持卡人确实不具有非法占有目的的除外：

（一）明知没有还款能力而大量透支，无法归还的。

（二）使用虚假资信证明申领信用卡后透支，无法归还的。

（三）透支后通过逃匿、改变联系方式等手段，逃避银行催收的。

（四）抽逃、转移资金，隐匿财产，逃避还款的。

（五）使用透支的资金进行犯罪活动的。

（六）其他非法占有资金，拒不归还的情形。

2．信用卡诈骗犯罪相关执法案例分析

以下通过具体的执法案例对《解释》进行说明。

第7章 有理有据——运用法律手段防范风险

江西省九江市中级人民法院于 2020 年 6 月 8 日改判查某犯信用卡诈骗罪，判处有期徒刑一年，并处罚金人民币二万元。

2012 年 11 月 16 日，原审被告人查某向中国银行股份有限公司德安支行（以下简称"中国银行德安支行"）提供虚假的个体工商户营业执照、个体工商户税务登记证、价格虚高的购车发票、汽车销售合同等证明文件和经济合同，向该行申领信用卡（卡号：62×××25）办理中国银行信用卡汽车专向分期付款业务，办理汽车消费贷款购买一辆价值为 11.18 万元的长城牌旅行汽车，约定分期付款总额 14 万元，贷款期限 36 期，并将该车抵押至该行。

查某还款 1 期后，再未按合同约定履行还款义务，经中国银行德安支行多次催收未还，并变更联系方式逃避催收，后将车以 4.5 万元质押他人用于个人消费。截至 2013 年 12 月 6 日查某被抓获归案，已累计 35 期未还，剩余未还本金 136080 元。之后，查某家人及朋友代其偿还贷款，并于 2013 年 12 月 17 日结清信用卡所欠全部款项。

2019 年 10 月 16 日，查某被公安机关逮捕。2019 年 12 月 27 日，江西省德安县人民法院审理江西省德安县人民检察院指控原审被告人查某犯贷款诈骗罪一案开庭，根据证人徐某的证言、受案登记表、立案决定书、中国银行德安支行报案材料、中国银行信用卡申请表、中国银行信用卡汽车专向分期付款申请表、信用卡分期业务客户告知书、身份证及结婚证复印件、个体工商户营业执照及税务登记证、汽车销售合同及收据、提供给银行的购车发票、提供给车管所的机动车销售发票、增值税发票、银行催收档案及催缴还款通知书、信用卡交易明细表、某有限公司的销售合同、收据、购车发票、中国银行德安支行出具的情况说明、到案经过及抓获经过等证据均得以证实查某犯罪证据确凿。

江西省德安县人民法院认为，被告人查某以非法占有为目的，使用虚假证明材料诈骗银行贷款，数额较大，其行为已构成贷款诈骗罪。被害单位中国银行德安支行对提供的证明材料未能认真核实，也是导致本案发生的一个因素，对原审被告人查某量刑时予以考虑。原审被告人查某归案后及时结清欠款，可酌情予以从轻处罚。依照《中华人民共和国刑法》《最高人民法院、最高人民检察院关于办理妨害信用卡管理刑事案件具体应用法律若干问题的解释》，裁决被告人查某犯贷款诈骗罪，判处有期徒刑五年，并处罚金人民币六万元。

九江市人民检察院二审庭审时出示查某银行卡刷卡回单、抵押登记释放登记表、电话催收档案记录表等证据。同时，九江市人民检察院检察员出庭意见认为，查某应当定性为信用卡诈骗。

九江市中级人民法院认为，查某以非法占有为目的，超过规定期限透支，且经发卡银行有效催收后仍不归还，其行为已构成信用卡诈骗罪。九江市人民检察院检察员的出庭意见正确，本院予以采纳。查某归案后如实供述自己的罪行，系坦白，可以从轻处罚；其退清全部赃款并取得中国银行德安支行的谅解，可以酌情从轻处罚。依照《中华人民共和国刑法》《最高人民法院、最高人民检察院关于办理妨害信用卡管理刑事案件具体应用法律若干问题的解释》《中华人民共和国刑事诉讼法》等规定，判决撤销江西省德安县人民法院（2019）赣0426刑初188号刑事判决，即原审被告人查某犯贷款诈骗罪，判处有期徒刑五年，并处罚金人民币六万元。判处查某犯信用卡诈骗罪，判处有期徒刑一年，并处罚金人民币二万元。

信用卡是一种无抵押的消费贷。黑灰产团伙通过伪造等多个方式冒领信用卡、伪造信用卡，相当于骗取资金。该案件是典型的伪造信用卡套取银行资金的案例。认真工作、如实申报、保护信用记录，个人信用卡申请也比较容易。想走捷径获取信用卡，并利用信用卡从事违法犯罪活动，将会付出沉重的代价。

7.5 即将颁布的相关法律法规

2020 年 4 月份，中共中央、国务院发布的《关于构建更加完善的要素市场化配置体制机制的意见》中，数据作为生产要素之一，被正式纳入到国家所定义的要素市场化配置中，数据已经上升为国家基础性战略资源。为了维护数据安全、保障国家安全而进行数据安全立法是大势所趋。高效配置数据是推动数字经济发展、保障业务安全的重要一环。为了更有效防范与约束业务风险欺诈，监管部门即将出台多个法律法规，主要集中在信息、数据的保障。

7.5.1 《中华人民共和国数据安全法（草案）》

2020 年 7 月 3 日，《中华人民共和国数据安全法（草案）》（以下简称《数据安全法》）全文在中国人大网公开征求意见。《数据安全法》将让全社会建立起认识数据资产，重视数据保护的意识，建立数据的经济和信用体系，以数据开放、数据保护、数据流动等为基础的数据规则或将构建并逐步完善，不断促进数字经济发展。《数据安全法》提出开展数据活动的组织、个人不履行数据安全保护义务或者未采取必要的安全措施的，补了数据保护的空白，规定企业提升数据安全等级。数据的安全防护涉及多个环节，包括人的管理、行为的控制、代码的健壮性等一系列问题，这些环节想要囊括到数据安全的防护措施中是非常困难的。站在最终实现数据安全的角度来看，尽早直接建立新型、全生命周期的、深入数据流的防护手段,将会成为企业持续升级数据安全建设,高标准满足数据安全合规要求的不二法则。对企业的数据安全建设提出了要求,将成为企业合规运行的新门槛,如图7-7所示。

中华人民共和国数据安全法(草案)

目 录

第一章 总 则
第二章 数据安全与发展
第三章 数据安全制度
第四章 数据安全保护义务
第五章 政务数据安全与开放
第六章 法律责任
第七章 附 则

图7-7 《中华人民共和国数据安全法(草案)》

《数据安全法》明确提出,在开展数据活动的组织、个人不履行数据安全保护义务或者未采取必要的安全措施的,由有关主管部门责令改正,给予警告,可以并处一万元以上十万元以下罚款,对直接负责的主管人员可以处五千元以上五万元以下罚款;拒不改正或者造成大量数据泄漏等严重后果的,处十万元以上一百万元以下罚款,对直接负责的主管人员和其他直接责任人员处一万元以上十万元以下罚款。

若数据交易中介机构未履行要求数据提供方说明数据来源,审核交易双方的身份,并留存审核、交易记录的义务,导致非法来源数据交易的,由有关主管部门责令改正,没收违法所得,处违法所得一倍以上十倍以下罚款,没有违法所得的,处十万元以上一百万元以下罚款,并可以由有关主管部门吊销相关业务许可证或者吊销营业执照;对直接负责的主管人员和其他直接责任人员处一万元以上十万元以下罚款。

此外，在未取得许可或者备案，擅自从事专门提供在线数据处理等服务的经营者，由有关主管部门责令改正或者予以取缔，没收违法所得，处违法所得一倍以上十倍以下罚款；没有违法所得的，处十万元以上一百万元以下罚款；对直接负责的主管人员和其他直接责任人员处一万元以上十万元以下罚款。

在法律责任方面，《数据安全法》第四十一条提到，有关主管部门在履行数据安全监管职责中，发现数据活动存在较大安全风险的，可以按照规定的权限和程序对有关组织和个人进行约谈。有关组织和个人应当按照要求采取措施，进行整改，消除隐患。

7.5.2 《个人信息保护法（草案）》

2020年10月13日，十三届全国人大常委会第二十二次会议第一次审议了《个人信息保护法（草案）》，明确了适用范围，健全了个人信息处理规则，与民法典有关规定衔接，规定了个人信息处理活动中个人的各项权利，对敏感个人信息给出定义，成为公民个体权利的延伸。

根据草案，个人信息是以电子或者其他方式记录的与已识别或者可识别的自然人有关的各种信息，包括种族、民族、宗教信仰、个人生物特征、医疗健康、金融账户、个人行踪等信息。个人信息的处理包括个人信息的收集、存储、使用、加工、传输、提供、公开等活动。

草案确立以"告知—同意"为核心的个人信息处理一系列规则，要求处理个人信息应当在事先充分告知的前提下取得个人同意，并且个人有权撤回同意；重要事项发生变更的应当重新取得个人同意；不得以个人不同意为由拒绝提供产品或者服务。

草案与民法典的有关规定相衔接，明确在个人信息处理活动中个人的各项权利，包括知情权、决定权、查询权、更正权、删除权等，并要求个人信息处理者建立个人行使权利的申请受理和处理机制。

草案明确个人信息处理者的合规管理和保障个人信息安全等义务，要求其按照规定制定内部管理制度和操作规程，采取相应的安全技术措施，并指定负责人对其个人信息处理活动进行监督；定期对其个人信息活动进行合规审计；对处理敏感个人信息、向境外提供个人信息等高风险处理活动，事前进行风险评估；履行个人信息泄露通知和补救义务等。

草案明确，国家网信部门负责个人信息保护工作的统筹协调，发挥其统筹协调作用；同时规定：国家网信部门和国务院有关部门在各自职责范围内负责个人信息保护和监督管理工作。

草案规定，违反本法规定处理个人信息，或者处理个人信息未按照规定采取必要的安全保护措施的，由履行个人信息保护职责的部门责令改正，没收违法所得，给予警告；拒不改正的，并处一百万元以下罚款；对直接负责的主管人员和其他直接责任人员处 1 万元以上 10 万元以下罚款。

7.5.3 《互联网信息服务管理办法（修订草案征求意见稿）》

2021 年 1 月 8 日，国家互联网信息办公室公布《互联网信息服务管理办法（修订草案征求意见稿）》，以下简称《办法》。对互联网信息发布、保存及个人信息安全保护等方面作出规定，并针对日益泛滥的刷票、刷量、刷评论数及制作虚假账号给出了处罚细则，对倒卖电话卡、虚假账号注册等行为给出明确管理要求。《办法》中的对应条款如下。

第二十五条　任何组织和个人不得以营利为目的或为获取其他非法利益，实施下列行为，扰乱网络秩序：

第 7 章　有理有据——运用法律手段防范风险

（一）明知是虚假信息而发布或者有偿提供信息发布服务的。

（二）为他人有偿提供删除、屏蔽、替换、下沉信息服务的。

（三）大量倒卖、注册并提供互联网信息服务账号，被用于违法犯罪的。

（四）从事虚假点击、投票、评价、交易等活动，破坏互联网诚信体系的。

违反以上行为的个人和机构，网信部门、电信主管部门、公安机关依据各自职责给予警告，责令限期改正，没收违法所得；拒不改正或者情节严重的，处 10 万元以上 100 万元以下罚款，并可以责令暂停相关业务、停业整顿、关闭网站、由原发证机关吊销相关业务许可证或者吊销营业执照，对直接负责的主管人员和其他直接责任人员，处 1 万元以上 10 万元以下罚款。

第十五条　任何组织和个人不得倒卖移动电话卡、上网卡、物联网卡。用户将已依法办理真实身份信息登记的移动电话卡、上网卡、物联网卡转让给他人使用的，应当依法办理过户手续。

第十九条规定，任何组织和个人办理、使用互联网网络接入、互联网信息服务、域名注册和解析等互联网服务，应当提供真实身份信息，不得违反本办法规定的真实身份查验要求，实施下列行为：

（一）使用虚假身份信息、冒用他人身份信息，办理互联网服务。

（二）未提供真实身份信息，获取、使用他人注册的互联网账号、资源。

（三）为他人规避实施真实身份查验的要求提供技术支持或者帮助。

违反本第十五条者，由公安机关没收违法所得，处 5 日以下拘留，可以并处 5 万元以上 50 万元以下罚款；情节较重的，处 5 日以上 15 日以下拘留，可以并处 10 万元以上 100 万元以下罚款。单位违反由公安机关没收违法所得，处 10 万元以上 100 万元以下罚款，并对直接负责的主管人员和其他直接责任人员依照前款规定处罚。

违反第十九条者，由网信部门、电信主管部门、公安机关依据各自职责给予警告，责令限期改正，没收违法所得；拒不改正或者情节严重的，处 10 万元以上 50 万元以下罚款，并可以责令暂停相关业务、停业整顿、由原发证机关吊销相关业务许可证或者吊销营业执照，对直接负责的主管人员和其他直接责任人员，处 1 万元以上 10 万元以下罚款。

本章小结

本章详细介绍了在防止信息滥用、网络技术滥用的多项法律法规，以及国家在保障网购、贷款资金、信用卡、个人信息安全等方面的法律法规。这些法律法规可以提升企业对业务风险的关注度，为业务安全风险防控提供指导。

第 8 章
洞见未来——企业数字业务安全风险防控的趋势

无论是道高一尺魔高一丈，还是魔高一尺道高一丈，企业的数字业务安全总是处在一种动态变化的状态中。业务风险在不断演进，业务安全防范手段也不断创新。随着风险防护技术的不断发展，各项法律法规和规范标准的不断完善，企业数字业务安全防护日益精准高效，可以更有效地保障数字业务安全。

8.1 企业数字业务安全风险与防控的变化趋势

数字化没有改变业务的本质，也没有改变风险的属性。技术应用门槛的降低使得风险愈加繁杂多样，呈现团伙性、技术性、隐蔽性和传染性等特点，给企业数字业务安全方的防控带来新的挑战。

数字化让业务安全与业务的结合更加紧密。生物识别、生物探针、区块链、机器学习等新技术的应用，使得企业防范数字业务安全风险的手段更加多样，更为智能化，在业务安全防控上也呈现出场景化、数据化和精细化的趋势。

8.1.1 企业数字业务安全风险的变化趋势

随着数字化的普及，当前的企业数字业务安全风险呈现团伙性、复杂性、隐蔽性和传染性四个趋势，如图 8-1 所示。

图 8-1 数字业务安全风险的变化趋势

1. 团伙性

企业面临的数字业务风险越来越呈现有计划、有预谋的团伙化特征，业务欺诈分子彼此分工明确、合作紧密、协同作案，形成一条完整的产业链。他们对企业各项业务流程非常熟悉，很清楚企业的需求、风控规则及业务漏洞，能够娴熟地运用移动互联网、云计算、人工智能各种新技术，进行各类业务欺诈操作。相较于个体欺诈，这种团伙欺诈行为更难侦测和识别，传统的反欺诈工具无法从全局视角洞察欺诈风险，面临着很大挑战。

2. 复杂性

业务风险欺诈是不断变化的，目前的业务安全防控手段主要基于以往

第 8 章 洞见未来——企业数字业务安全风险防控的趋势

的历史经验训练和指导设计,这就导致已知的防控手段难以防控最新的业务风险。尤其传统反欺诈手段过于依赖专家经验,需要大量人工标注数据和训练。而业务风险形态变化多端,更迭非常快,很多新的攻击手段对既有的防控措施进行了调整甚至免疫,这就导致不能及时对新风险进行识别和预警。

3. 隐蔽性

对移动互联网、云计算、人工智能各种新技术的娴熟利用,风险欺诈手段日益复杂多变,数字化技术更便于业务风险团伙伪造、消除源头、路径,让业务风险的源头更加隐蔽,让取证更加困难。

4. 传染性

数字化响应快,覆盖范围广,跨界、跨区域交叉特征明显,风险传播速度快,涉众广,传染性强,且多个业务风险叠加。当某个平台的业务上出现该风险,会被迅速复制到其他业务平台上。原先的业务风险的传染性是以天计算,现在是以分钟计算,传染性、传播性大增。

8.1.2 企业数字业务安全防控的发展趋势

基于数字化,让业务安全防控提供更加精准高效。综合来看,业务安全防控呈现立体化、精细化和智能化三个趋势,如图 8-2 所示。

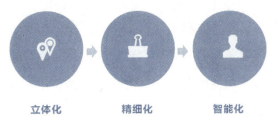

图 8-2 数字业务安全的变化趋势

1. 立体化

企业的数字业务不仅出现在固定场景，而是出现在任何与用户接触的场景中。比如，用户不仅可以在专业的电商平台享受到网购服务，也可以通过银行、旅游、传统企业的网络平台进行网购；银行传统的零售端转向贸易链、供应链，利用线上服务优势将业务边界延伸，扩大了业务范围和服务边界。随着业务的场景化加强，不同场景下业务风险也有差异。

立体化防控就是基于数字业务的特点和属性，综合运用各种技术手段和工具，从多渠道、多角度、全流程进行防控，并与业务的上下游的安全体系形成协同，从而形成立体的防护体系，满足不同场景下业务风险变化，以有效防控数字业务安全。

2. 精细化

针对不同生命周期的用户，同一生命周期的不同场景下提供差异化的防控措施，转变过去一对多的防控模式，精细化防控是多对多的对应关系。要求安全防控上对风险、特征等进行精细化提取，把策略做得非常细致。通过覆盖全流程的立体防控体系，提供灵活、弹性的差异化防控策略和措施，以应对复杂场景下多变的业务风险，既能有效防范已知风险和潜在的未知风险，保障业务安全，又不影响用户多元化体验和需求。

3. 智能化

数据的开发和应用是应对企业数字业务安全风险挑战的关键。企业在生产经营过程中积累了海量的数据，通过金融数据治理工作，深挖数据价值、释放数据潜能，加快推进数字化和零售化转型。利用大数据、人工智能等技术，切实增强数据应用能力，提升数据洞察能力和基于场景的数据挖掘能力，让数据发挥应用的价值。

第 8 章　洞见未来——企业数字业务安全风险防控的趋势

基于数据生产元素，运用互联网、物联网、云计算、人工智能等新兴信息技术手段，实现业务全要素、全过程、全方位的风险感知、风险监测，并对业务风险及其防控数据进行智能化分析、精准化预测和可视化管理。

8.2　日趋先进的风险防控技术

业务安全技术在不断创新，防护体系也在不断升级，尤其随着生物识别、生物探针、区块链、机器学习等技术的良好运用，日趋先进的风险防控技术在更精准高效地保障着企业的数字业务安全。

（1）生物识别技术

每个人的人脸、声纹、指纹、虹膜等生物特征，具有唯一性和稳定性，具有自己独有的特征，统称为生物特征。生物特征识别是通过人体所固有的生理特征或行为特征对个人身份进行鉴定、识别、核验的一种技术。生物特征伪造难度大，在身份识别、行为校验、账户安全、反欺诈以及精细化服务上具有良好作用，让数字业务安全更精准、高效。生物识别技术示意图如图 8-3 所示。

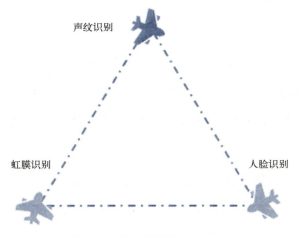

图 8-3　生物识别技术示意图

- 人脸识别：用摄像机或摄像头采集含有人脸的图像或视频流，并自动在图像中检测和跟踪人脸，进而对检测到的人脸进行脸部的一系列相关技术处理，包括人脸图像采集、人脸定位、人脸识别预处理、记忆存储和比对辨识，在人脸某些部位提取更多特征点，用于对操作者的面貌检测、人脸跟踪、人脸比对等，通过进行一系列的验证、匹配和判定，核实身份、防范欺诈等，更高效地防范欺诈、作弊等风险。

- 虹膜识别：人眼虹膜纹理图像包括斑点、条纹、细丝、冠状、隐窝等细节视觉特征，这些特征人各有异，出生一年后几乎终身不变，因此可以采用图像处理和模式识别方法精确鉴定虹膜图像的人员身份。虹膜识别通过对比虹膜图像特征之间的相似性来确定人们的身份，其核心是使用模式识别、图像处理等方法对人眼睛的虹膜特征进行描述和匹配，从而实现自动的个人身份认证。

- 声纹识别：声音中包含能表征和标识说话人声音的特征，以及基于声音特征建立的语音模型的总称。每个人说话时声音特征（音调、响度、音色）和发音习惯几乎独一无二，通过电声学仪器可测量并分析每个人的声波频谱都不尽相同，声纹是一种可用电声学仪器显示的携带语言信息的声波频谱，而声纹识别就是通过辨识声纹特征识别说话人身份的过程，在注册、登录、交易等场景，通过即时的比对分析声音，迅速确定操作人的身份，有效地防范业务欺诈等风险。

（2）生物探针技术

生物探针技术是指基于设备的加速度计、陀螺仪、重力加速度计、磁场传感器等传感器，收集并记录用户使用设备时的数据，机型汇总分析，并进行画像、校验。通过获取的设备唯一标识，及时发现识别设备的真伪

第 8 章 洞见未来——企业数字业务安全风险防控的趋势

与变化,防范设备存在的风险。

生物探针通过对操作者进行分析,如从某个开始行为事件直到结束事件进行全流程记录和分析的一种方法。了解操作人员操作环境的变化、行为的变化等,并将之作为识别业务交易风险等级的判断维度之一,通过对数据的分析和比对,了解操作者真伪,对海量用户的行为习惯形成精确了解。

（3）区块链技术

区块链是一种提供分布式数据存储、点对点传输、共识机制、加密算法的技术,是一种新型的存储数据库,具有不可伪造、全程留痕、可以追溯、公开透明、集体维护等特征。可以利用区块链技术,让业务各个环节、各个信息的关键动作上链,实现全流程操作可追溯,尤其是防止内控失去监督,防范内外勾结的风险欺诈时作用明显。

区块链在风险防控上带来三重作用：首先,良好实现风险与数据共享,打破信息不平衡,提供统一、丰富的信息,使核验识别更加精准；其次,防范业务数据信息污染造假,优化数据质量,提高防控能力；再次,让一切操作有记录且可追溯,防范业务数据信息污染造假,优化数据质量,提高风控能力。

（4）机器学习技术

机器学习（Machine Learning）是目前大数据、人工智能领域的核心技术,被普遍认为是实现机器智能的主要途径。机器学习技术涉及线性代数、概率论、信息论、数值计算、算法理论等多个领域,通过数据处理、特征工程、模型训练和模型验证等工作程序完成机器学习模型的创建,并在模型成果的实际应用中持续对其实施训练和调优,以不断提高预测和判断的准确性。机器学习算法目前被定义为是一种能够从数据中学习的算法,它直接从数据中"学习"信息,而不依靠预定的方程模型、经验策略,当可用于训练和学习的样本数据增多时,算法性能和模型精度可以得到相应提升。

机器学习目前主要包括三种类型的技术:监督学习、非监督学习和强化学习,其中监督学习是根据已知的数据和结论来训练模型,使模型具备预测或分类的能力;非监督学习不强调输入数据的性质、结论,主要用于找出数据中隐藏的信息和规律,如数据结构、关联关系、群组特性等;强化学习则不依赖原始数据,而是不断借助场景反馈和评价机制实现策略的积累和改善。

大数据是数字业务的关键因素,机器学习是大数据价值变现的重要工具。机器学习通过对数据的梳理、分析、提炼,并从数据中"学习"到有价值的信息,进而辅助进行身份识别、风险校验,风险挖掘,关联关系图谱构建等,在反欺诈、风险监测、身份核验、趋势预测、模型构建等作用明显。

8.3 企业纷纷设立业务安全团队

IDC 全球首份业务安全技术报告《IDC 创新者:中国业务安全之反欺诈技术,2019》认为,中国数字化转型及数字化原生企业将长期面临业务欺诈的严峻挑战。业务的健康稳定不仅是企业营收的重要保障,更是企业信誉和生存发展的决定因素。面对每天频繁的业务交互,如何实时精准识别海量数据的真实性、合规性对于业务提供者来说尤为重要。

随着企业数字化进程的加速,企业面临的数字业务安全风险日益凸显,尤其是近年来若干典型的业务安全风险事件的爆发,企业数字业务安

第 8 章　洞见未来——企业数字业务安全风险防控的趋势

全风险与防范引发了众多企业的广泛关注。

风险管理是金融的核心，业务安全是必备。在金融及机构内部，业务安全团队的对外名称一般是风控部/中心等。除了金融机构，越来越多的企业，尤其是处于数字化转型阶段的企业纷纷成立或增设业务安全团队。

2019 年 4 月 24 日，滴滴出行宣布升级集团安全产品与技术部，以深入赋能各业务线信息安全技术能力，为用户出行安全提供技术保障。升级后的安全产品与技术部下设信息安全部、业务安全部、基础安全产品部、安全研究部等多个部门。

其中，为深入洞察业务需求，保证贯彻执行，安全产品与技术部组织技术力量，成立网约车信息安全部、网约车业务安全部，以加强网约车业务准入安全、反作弊等工作。两个部门的负责人向安全产品与技术部负责人以及担任网约车安委会主任的网约车公司 CEO 双线汇报，全力支持网约车信息安全组织机制建设和技术能力建设。

由此，滴滴出行是国内第一个公开宣布成立业务安全部门的非金融类的数字企业。

在对零售电商、出行、资讯、能源、航旅、短视频等领域的一次小范围调研时发现，有近 7 成的企业成立了业务安全部门，或增设了专职的业务安全团队，比如阿里巴巴、腾讯、滴滴、今日头条、国美在线、叮咚买菜、T3 出行等企业。

各公司的业务安全部门或团队的名称也不尽相同。部门或团队的名称包含业务安全部\中心、风控合规部\中心、业务合规部、法律合规部等。其主要职责是本公司或本部门数字业务的合规审查、危机应对、欺诈分析、安全防控、制度及规范制定等。随着越来越多企业成立或增设业务安全团队，企业对于业务安全人才的需求量也越来越大。

《巴塞尔协议》为全球商业银行明确了风险管理标准，规定了风险类别。尤其随着金融业数字化转型的推动，普惠金融的迅猛发展，金融业务更具技术性、规模性、草根性、传染性和隐蔽性等特点，这使得风险愈加复杂多样，在监督管理、安全保证和客户隐私保护以及纠纷处理等方面都有很大的挑战，由此对金融机构的业务安全能力提出了更高要求，对于风控、模型建设等业务安全人才需求量也大增。

本章小结

本章重点介绍了企业数字业务安全的风险与防控变化趋势，风险防控技术的发展应用趋势，以及企业对于业务安全团队的建设和人才供求的变化，为企业进行数字业务安全建设指明了方向。